JN228915

できるビジネス

実践

世界一クリエイティブな問題解決

スタンフォード式 デザイン思考

ジャスパー・ウ 著

工学院大学准教授 見崎大悟 監修

インプレス

はじめに

ＵＸ（ユーザーエクスペリエンス：ユーザー体験）、ＣＸ（カスタマーエクスペリエンス：顧客の体験）、ＥＸ（エンプロイーエクスペリエンス：働いている人の体験）――この言葉を聞いたことがある方は少なくないと思います。

いま、多くの企業で、お客様の「ユーザー体験」が重視されています。それは市場が成熟しきったいま、サービスやプロダクトの価値が、値段や機能性というよりも、それを使うことによって「どんな体験ができるのか」に変わってきたからだと思います。

皆さん、こんにちは。ジャスパーといいます。デザイナーをしています。日本ではデザイナーというと、スケッチを描いたり、製品の外見をきれいに整える仕事というふうに思われるかもしれませんが、私は「デザイン」とは「問題解決」だと考えています。何かをデザインしたり、つくったりすることは、すべて「問題を解決すること」につながっていると思っています。私はデザイナーとしていつも、どんな問題を解決すれば人々の生活がよりよくなるのかを考えています。

本書では問題解決の方法として「デザイン思考」を紹介しています。デザイン思考は、人々がもつ本当の問題を解決するための考え方（マインドセット）です。本書の読者であるあなたが学生でも教員でも公務員でもＩＴ企業の社員でも、どんな立場の人でもデザイン思考が役に立ちます。

——Having a good UX on something people don't need, just make them understand they don't need this faster.（人々が必要としていないものが優れたＵＸをもつことは、単に彼らがそれを必要としていないことを理解させることにすぎない）

優れたユーザー体験が人々の求めているものとは限りません。とてもよいＵＸをもったサービスがあっても、人々が求めていなければ何の価値もありません。反対に、ＵＸに課題はあっても、人々が欲しているものがそこにある場合もあります。

たとえば、２０２０年の東京オリンピックの観戦チケットに申し込んだ人は多かったのではないでしょうか。何百万という人がＷｅｂサイトに殺到したため、1時間以上、公式チケット販売サイトにつながらなかったのも記憶に新しいと思います。しかし、長時間待ってでも人々はチケットを求めたいのです。

つまり、「ユーザー体験」で見るべきところは優れたＵＸではなく、それを使う「人々のニーズを正しく理解する」ということなのです。デザイン思考は、最小のリソースと予算で行うものであるので、人々の本当のニーズを見つけるのにとてもクリエイティブな効果を発揮します。また、プロトタイプからテストまでを非常に速いスピードで行うため、「必要のない機能を捨てる決断が早くできる」という利点も挙げられます。

私は日本に住んで約3年になります。この間に実感したのが、多くの企業では、「ユーザーの本当のニーズ」ではなく、「ユーザー数」や「売上高」などの数字を指針にしているのではないか、ということです。その反面、多くのレストランやホテルでは、店員さんやホテルマンは素晴らしいホスピタリティーで「お客様のニーズを満たす」おもてなしをしてくれます。ここに矛盾を感じるとともに、日本でデザイン思考を行うポテンシャルが隠されているとも考えています。日本人がもつおもてなし精神は、デザイン思考を行う上で、とてもプラスに働くと信じています。

またいま、私はライフワークとして「Unlock your creative potential!（あなたのクリエイティブな可能性を引き出す）」をキーワードに、デザイン思考のワークショップや、資料の作成を行っています。この活動を通して、特に未来を生きる子どもたちに想像力と創造力を養うお手伝いができたら、と考えています。

日本では高齢化社会が進み、多くの外国人が働き手として日本にやってきています。多様化が急速に進み、言語の壁、文化の壁、世代の壁と問題は複雑に絡み合い、正しい答えを見つけるのが困難になってくるでしょう。そんなとき、これまでの考え方では立ちいかなくなってしまうことが予想されます。そんな予測不可能な未来に備えて、ぜひデザイン思考を用いて、「正しく考える力」を身に付けていただけたらと思います。

この本を通して、問題解決のための「正しい考え方」を身に付けていただけたら、こんなにうれしいことはありません。

２０１９年８月

目次

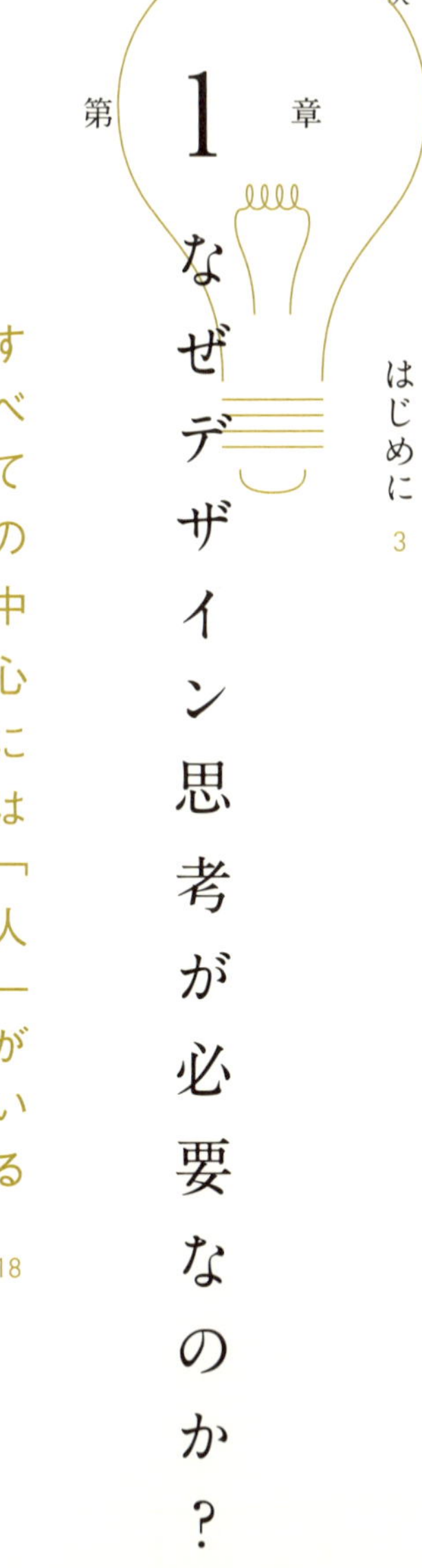

第1章 なぜデザイン思考が必要なのか？

第2章

デザイン思考をやってみよう

第3章 ツールキットを使ってみよう

デザイン思考の強い味方、ツールキット 130

第4章

チームを活性化させるファシリテーション

第5章 デザイン思考のいまと未来

第1章

なぜデザイン思考が必要なのか？

すべての中心には「人」がいる

この章では、私の経験や考えをもとに、そもそもデザイン思考とは何か、どうやって身に付けてきたのか、についてお話ししたいと思います。私がデザイン思考と出合い、デザイン思考の総本山といわれるスタンフォード大学のd.schoolで学ぶことになった経緯や、実際にd.schoolで学んだ授業について、そしてデザイン思考をどのように使うのかについて、見ていきましょう。

デザイン思考とはマインドセット

デザイン思考とは、人々がもつ本当の問題を解決するための考え方（マインドセット）である、と「はじめに」で述べました。ではなぜいま、デザイン思考が注目を集めているのでしょうか。それは**「人」こそがサービスや製品、あるいはシステムのあり方・つくり方に影**

響を与える、非常に重要な要素となってきたからです。

ここでいう「人」は私たちがつくるサービス、製品を使う人々のことです。私たちはデザイン思考の方法論を使って、人々のニーズや問題を見つけ出し、解決することができるのです。

特定の「人」の問題やニーズを解くことで、世界中で共通の悩みをもつ人々の役に立つことができるかもしれません。たとえば2008年、アメリカのサンフランシスコでは大規模なイベントや展示会が行われるたびにホテルが不足し、参加者も観光客も高騰したホテル代に困り果てていました。この問題に対し、住んでいたアパートの一部を宿泊施設として貸し出すというアイデアを試みた若者たちが現れました。

Air Bed and Breakfastという名前で始まった彼らのチャレンジは、いまではAirbnbというサービスとして世界中に広がり、見知らぬ他人に自宅を貸すという発想のなかった人々の行動をすっかり変えてしまいました。

また、2012年の秋にシリコンバレーのパロアルトに住んでいたスタンフォード大学の学生たちは、パロアルトの中心街を離れるとデリバリーをしてくれるレストランがないことに強い不満を覚えました。彼らは翌年、配達サービスをもたないレストランと、配達してくれる人々をマッチングするサービスを公開し、現在では北米で50以上の都市に広がった

「DoorDash」というサービスになりました。

現代は新しい情報が毎日のように現れ、私たちの周りは日々たくさんのテクノロジーや新しいサービスにあふれています。**人間の行動は、新しいサービスを受け入れることによって変化**しており、私たちは常に「人々が何かに困っていないか、不便を感じることを改善できないか」と考える必要があるのです。

たとえば、あなたがＩＴ企業のプロダクトマネージャー（あるサービスを管理・運用する責任者）だとしましょう。あなたは自分のサービスに隅々まで精通しており、あらゆる情報を知っているかもしれませんが、プロダクトを改善していくためには、何から始めるのがよいのでしょう?

デザイン思考を用いて、まずは**「このプロダクトを使う人々を正しく理解する」**ことから始めてみましょう。このプロダクトに関してあなたがもっている知識や常識は、部署や会社の外に出てみれば、このプロダクトを使う人々にとっての共通言語でないことが多々あります。あなたが東京にあるオフィスで新たなサービスをつくっていたとしても、そのサービスを利用するのは北海道や沖縄、あるいは海外に住んでいる人かもしれません。「人々」を理解すればするほど、その人の住んでいる環境やプロダクトの使い方は、あなたの想像と異なっていることに気づくでしょう。

もしあなたが人々の問題を解決するために何かをデザインしたいのであれば、最初に人々を理解する必要があります。デザイン思考はそのための正しい方法論であり、このプロセスを実行する上で役立つ考え方といえます。

デザインとはどんな意味？

「デザイン」思考というと、デザイナーのための思考法と思われるかもしれませんが、実はそうではありません。日本で「デザイン」という言葉は、グラフィックデザインやビジュアルデザインといった「外観をよくする、美しく整える」という意味で使われることが多いと思います。デザイン思考は英語の「Design Thinking」を日本語にしたものですが、このときのDesignという単語は、「設計する」という意味で用いられており、外観を整えることは一部分にすぎません。つまりデザイン思考とは、**「（問題を解決する方法を）設計（Design）するための考え方（Thinking）」**と捉えると、腑に落ちるのではないでしょうか。

私は2014年から、デザイン思考の本場であるスタンフォード大学d.schoolで数多くの授業やワークショップに参加してきました。シリコンバレーでは、大学でも大企業でも、創業したばかりのスタートアップでもデザイン思考が浸透していて、あらためてデザイン思考について説明することは難しくありませんでした。小学校教育やレストラン運営などにも取り入れる場面に出くわすことがあります。日本ではデザイン思考が問題解決の共通言語になっていないため、何らかの問題を考える際に「どのアイデアを試すか」ではなく、「どのように進めるか」から考えていくこともあり、問題解決のスピードを上げるためには、デザイン思考のように共通の考え方をもっていることは重要だといえます。

「考え方」と「方程式」の違い

すでにデザイン思考を学んでいる方も、これからデザイン思考を学ぶ方もいらっしゃると思いますが、覚えておいていただきたいのは、デザイン思考は「考え方」であって「方程式」や「英単語」といった、「ある問題に対する決まった解き方」とは異なるということです。つまりデザイン思考を使うタイミングは、特定の問題が出た場合ではなく、普段からデザイン思考の考え方をベースに、自分なりのアレンジを加えて問題解決に用いるということです。

「やってみる」ことで学ぶ

これからデザイン思考を学びたいと思っている人に、覚えていていただきたい心構えをお伝えします。水泳を習うとき、泳ぎ方について説明を受けて、ほかの人の泳ぎを見ているだけでは泳げるようにはなりません。自分も水の中に入って、手足を動かして繰り返し練習をしなければ泳げるようにはならないのは、当然といえば当然です。デザイン思考も同じです。繰り返し練習をする、この姿勢を忘れないでいただきたいのです。

また、私たちが何か新しいことを学ぼうとするとき、本を読んだりワークショップを受講したり、有識者の講演を聞いたりするなど、「教わる」立場で学びます。しかし、実際のデザイン思考の学び方は、「Just do it.（とにかくやってみる）」ことから始まりました。アジアの高等教育では、生徒は教室で静かに座って、先生の教えを一言一句聞き漏らさずにノートにとるというスタイルが主流です。しかし、スタンフォード大学では、前の講義で疑問に思ったことをピックアップして、次の授業でその質問ができるように準備して臨みます。「発言しないのは、存在しないのと同じ」ということなのです。教わるだけでなく、常にこちらも学ぶ準備をしていく姿勢が、デザイン思考を学ぶ上でも必要であることを意識していただけたらと思います。

「教わる」という受け身の姿勢でなく、「繰り返しやって身に付ける」「実際に手を動かしてやってみる」ぜひこの2つを大事にしてください。

あなたがデザイン思考を教える人なら

私がデザイン思考を教えるときに意識しているのが、フレームワーク（枠組み）だけではなく、いかに参加者がデザイン思考の「マインドセット」を学ぶ機会をつくることができるか、ということです。デザイン思考を学ぶ環境をデザインすることは、教える方々にとってもデザイン思考を実践できる機会だと捉えましょう。

具体的には、「参加者の多様性」「手を動かす機会をつくる」「チャレンジしやすい環境をつくる」といった点を組み込むように心がけています。

まず「参加者の多様性」があるワークショップになるように、性別や得意分野、担当業務など、なるべく多くのバックグラウンドをもつ人が、均等に参加できるように募集を行います。ビジネスの研修や学校での講義では参加者の年齢や目的が異なりますので、参加される方に合わせ、資料もつくり変えています。

次に「手を動かす機会」ですが、私はワークショップ形式を取り入れ、参加者がプロトタイプ制作などを体験する機会を必ずつくるようにしています。手を動かして学ぶことがデザイン思考を身に付ける近道ですので、ぜひこれは皆さんも取り入れていただきたいと思います。

そして「チャレンジしやすい環境」も提供してあげてください。日本は失敗に敏感な文化をもっていますが、ブレインストーミングやプロトタイプ制作など、失敗を恐れずチャレンジできる環境こそがデザイン思考の魅力なのです。

私はデザイン思考を教えることは、非常にクリエイティブなことであると思っています。どうやって参加された方自身にデザイン思考を実践してもらうか、ワークショップをもっとアクティブに、もっと生産的な時間にしていくかを考えていきましょう。

デザイン思考のプロセス

さて、デザイン思考のプロセスについてふれていきたいと思います。デザイン思考のプロセスは「共感」から始まります。①**共感**（Empathize）、②**定義**（Define）、③**アイデア**（Ideate）、④**プロトタイプ**（Prototype）、そして⑤**テスト**（Test）。もしかしたら、次の図（図

1－1）を目にしたことがあるかもしれません。

d.schoolでもデザイン思考の流れを説明するとき、この図を用いることが多くあります。しかしこれは基本的なデザイン思考の例であり、各プロジェクトに合わせてアレンジして使います。そしてこれらのプロセスは、左から右へと一直線に進むわけではありません。アイデアプロセスまで進んでもよい解決方法が見つからない場合は問題定義や共感のプロセスに戻ることもありますし、テストの結果がうまくいかなければ、プロトタイプのつくり直しやそもそもの問題定義を見直すこともあります。デザイン思考は、**この5つのプロセスを行きつ戻りつしながら進んでいく**のです。デザイン思考は一直線の方法論ではないというのが、非常に重要なポイントです。

つまり、デザイン思考には決まった形のフレームワークがあるわけではなく、シチュエーションに応じて自分が使えるように理解し、応用しなくてはならないということです。

スタンフォード大学の学生たちも、一つのクラスでデザイン思考をマスターできるとは思っていません。異なった教授やチームメートといくつものプロジェクトを経験することでデザイン思考を身に付け、自分自身の問題に応用できるように学んでいきます。

図1-1　デザイン思考のプロセス

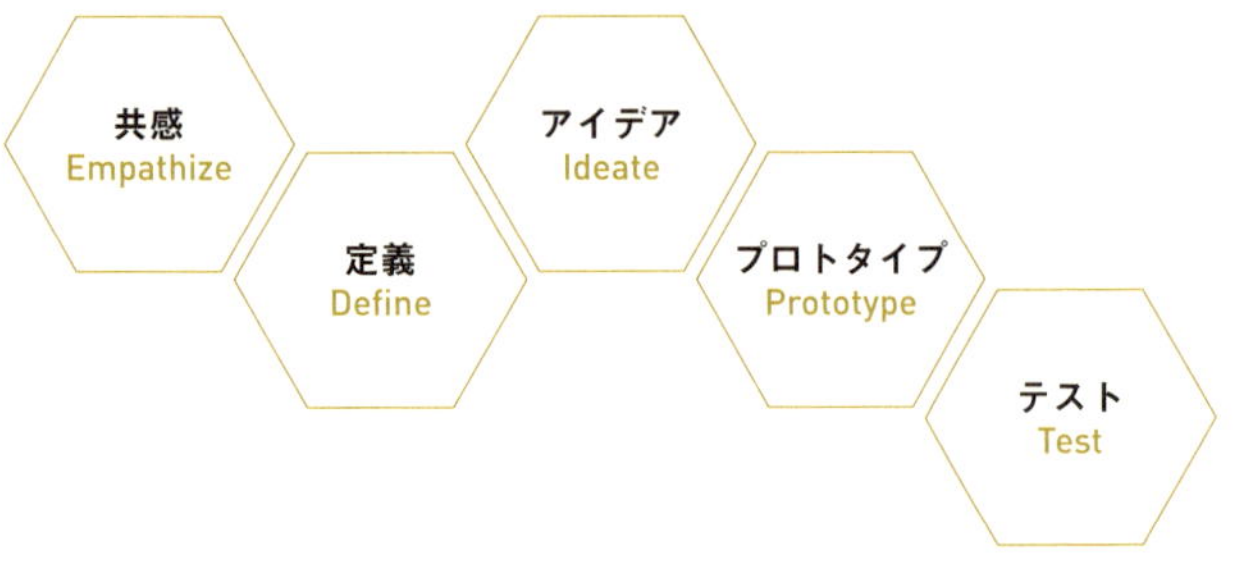

■この5つのステップを行きつ戻りつしながら進む

継続してトレーニングする

デザイン思考を学ぶとは、皆さんのマインドセット（考え方）を変えるということです。そのためには、デザイン思考を継続的に使い続け、自分自身で身に付ける必要があります。

スポーツジムに行くことを想像してみてください。1日だけお試しでジムに行くのと、「10キロダイエットできるまでジムに通い続ける」というのではまったく違うモチベーションと結果になるはずです。

体重を10キロ減らそうと思ったらジムに通い続け、トレーニングを続けることで半年後、ようやく理想の自分になれるのではないでしょうか。デザイン思考も同じです。継続して学ぶことで身に付くものなのです。即時性を求めるのではなく**「継続してトレーニングすること」**

が非常に重要なポイントです。

たとえるなら、これはリーダーシップについても同じように言えます。たとえば、私が明日からマネージャーを任されたとしても、すぐにリーダーとして立ち居振る舞いできるわけではありません。リーダーとしての知識や考え方を学び、繰り返し実践していく中でようやくリーダーシップを身に付けることができるのではないでしょうか。

これと同じように、実践と練習をしなければ、デザイン思考とは何かを知ることはできません。トレーニングを継続すること、繰り返し実践すること、それこそがデザイン思考を身に付ける方法といえるでしょう。

思い込みを変えることの難しさ

デザイン思考のプロセスは、一見するとシンプルです。しかしこれだけを見て、「簡単で単純そう」と決めつけないでください。一度思い込んだ誤解を解くのは、簡単なことではありません。

レオナルド・ディカプリオ主演の『インセプション』という映画を観たことがありますか？　この映画を観たことがある方なら、小さな考えがその人の思考や行動に大きな影響をもたらすことを実感いただけると思います。この映画の主人公たちは他人の潜在意識に入り込み、意識下に隠された情報を盗み出すという（違法な）仕事をしています。ある日、主人公たちは渡辺謙が演じる実業家に、情報を盗み出すのではなく、「ある考えを植え付ける」ことを依頼されます。考えが少し変わることで、現実での選択が大きく変わっていくというテーマが示唆されているように感じました。

デザイン思考を身に付ける難しさは、この映画にたとえることができます。つまり、人がもつ考え方は、その人の経験や環境の中で積み上げられてきたものなので、デザイン思考を学んでも、急にその考え方を変えるのは難しいということです。日々チャレンジを続け、自分の考え方として身に付けていくしかないのです。私の場合は、スタンフォード大学という環境が、考え方の変化を後押ししてくれました。失敗を恐れずにデザイン思考を用いて問題に挑戦できる環境は、私がもっていた価値観や考え方を捉え直す本当によい機会でした。

急に大きく環境を変えるのは難しいと思ったら、たとえば家族との会話をファシリテート（促す）してみる、普段の生活に不便を探してみる、そういった小さなことから始めてみましょう。また、もしあなたが先生や企業でイノベーションを起こそうとしている方だとしたら、ぜひ新しいことや、今までとは違うことに挑戦できる環境や機会をつくることを考えてみてください。

私がデザイン思考を学ぶまで

少しだけ、私の昔話にお付き合いください。なぜ私がデザイン思考を学ぶに至ったのかについてお話しします。学生時代、私はエンジニアとして学んでいました。国立台湾大学ではロボット研究で有名な羅仁權先生の研究室で学んでいましたが、当時の私は「何かをつくる」ことばかり考えて、「誰のためにつくる」ということについては考えていませんでした。

修士号の専門分野もロボット工学でした。そこで私はロボットをつくり、ＡＩを使ってロボットを動かす研究をしていました。あるとき、ホイール付きの人型ロボットと人間が上手にかかわり合えるようにする研究のため、一般の方をお呼びする機会がありました。そのロボットは顔認識機能を備え、来場してくれた人々のために歌を再生したり、ダンスまで踊ってくれるのです。研究していた我々は、このロボットを見て、多くの人々が驚き、楽しんでくれるだろうと思っていたのですが、人々の反応はとても薄いものでした。彼らにとっては、そのロボットが自分たちの生活にどう役立つかを感じることができなかったのです。なぜこんなことになってしまったのか、私はその理由を探し始めました。

どうしたら人々が求める製品やサービスをつくることができるのか。それを調べる中で出合ったのが「デザイン思考」だったのです。デザインコンサルティング会社のＩＤＥＯや、その創設者であるデイビッド・ケリーらが「人間中心」のフレームワークを研究・活用し、ユーザーのニーズをもとにするという取り組みはとても面白く、そしてエキサイティングに見えたのです。

その後、私は台湾で行われたデザイン思考のワークショップに参加し、これまでの自分の考えが覆されるのを感じました。何かをつくるとき、私はこれまで自分がつくりたいもの・つくれるものを中心に考えており、それは「人間中心」ではなかったのです。何かをつくるときには、それを使う人々と深く話すことこそが、人々の視点を通じてニーズを理解するための手法だと気づかされました。

さらに、ユーザーの生活をよりよくするために、サービスやプロダクトのペインポイント（悩みの種）を理解すること、デザイン思考の各プロセスを知り、もっとデザイン思考を学びたいと考えました。

そこで私は自分のキャリアを変える決心をしました。デザイン思考教育の総本山であるスタンフォード大学に行き、そこで学ぼうと考えたのです。この決断が私の人生を変えたといっても過言ではありません。

そしてd.schoolへ

スタンフォード大学院では機械工学科に進学しました。一般にd.schoolとして知られているのはHasso Plattner Institute of Designという組織で、Building 550という建物にあります。この建物は、もともとデザインと機械工学の2つの建物をアーケードでつなぐ形でできあがったものなので、幸運にも私の所属する学科と非常に近い場所にあったのです。

私がデザイン思考を学ぶために最初に受けた授業は、「デザイン思考ブートキャンプ（Design Thinking Bootcamp：2019年のクラス名はDesign Thinking Studio）」でした。スタンフォード大学はクオーター（四半期）制を採用しているので、一つの授業は10週間で構成されています。この授業はとても素晴らしく、講師陣はデザイン思考を教えることに情熱をもっていました。私はいまもこの授業に感謝しています。まさに私の人生と考え方を変えた瞬間でした。

もっとも、初回の授業ではクラスに着いてネームタグを受け取ると、だんだん緊張してきたことをいまでも覚えています。私はこれからどんなことが学べるのか興味津々で、とてもワクワクしていましたが、ネイティブの英語圏で育ってきたクラスメートばかりのクラスで、どう話しかけていいものやら、まったくわからなかったのです。いま思い返しても、人生初のアメリカで、ネイティブスピーカーに混じって学ぶのは大きなチャレンジでしたが、だからこそとてもよい経験となったのだと思います。

「デザイン思考」が始まった

デザイン思考ブートキャンプでは10週間を大きく4つの期間に分け、3つのプロジェクトを通じてデザイン思考を学んでいきました。最初のプロジェクトは1週間、次のプロジェクトが4週間、3つ目のプロジェクトが4週間、そして最後の週が全体の振り返りという内容でした。授業は1週間に3回、月・水・金の午前中に行われます。

「インスタントラーメンを食べる体験」をデザインする

先生から提示された一つ目のプロジェクトは「インスタントラーメンを食べる体験をデザインする」というものでした。私たちは簡単なデザイン思考のプロセスについての説明を受けた後、「さあ、デザイン思考を使って問題を解こう！」と言い渡されました。

――何を、どうやって？

私たちは教科書すら持っていません。教室での指示は、私たちにペアをつくって、教室から大学のキャンパスに出て、とにかくいろいろな人に「インスタントラーメンを食べる体験」をインタビューする、ということだけでした。

最初のプロジェクトは1週間で構成されています。つまり、月曜に出されたテーマをもとにインタビューをして問題を見つけ、水曜までになんらかの解決策を考えプロトタイプをつくり、金曜にはクラスで発表しなくてはならないということです。まさか初回からこのような展開になるとは、まったく予想もしていませんでした。

私はインタビューのやり方や、そもそも見知らぬ学生に、どうやって話しかけるのかすら思いつかず、焦ってしまいました。そんなときに助けてくれたのが、チームメートのアメリカ人でした。彼は法科大学院に通う大学院生でしたが、途方に暮れていた私に、まずは彼自身がインタビューすることで手本を見せてくれ、「さあ、次は君の番だ。横でサポートするからやってみな」と言ったのです。

私は緊張しながらも、彼がやったように見知らぬ学生に話しかけていきました。こうして、驚きと興奮の中で、最初のd.schoolの授業が始まったのです。

・月曜日：インタビュー

授業は朝9時から始まりますが、午後には別の授業があります。私とチームメートは、学生たちが集まる学生食堂に向かい、そこにいる学生たちに、まさに片っ端から、こう尋ねていきました。「私たちはd.schoolの授業を受けている学生です。いまやっているプロジェクトのためにインタビューをさせてもらっています。少し時間をとって、あなたの体験を聞かせてもらえますか？」。

驚いたことに、多くの学生たちが私たちを訝しむのではなく、時間をとって自らの経験をシェアしてくれました。インタビューで聞かせてもらった数多くの体験は、その日の授業の後、チームメートとオンラインチャットで共有し、情報を整理しました。情報を集めて、これらの情報から問題を見つける、まずはそれが第一目標でした。

・水曜日：ブレインストーミング&プロトタイプ

水曜日の授業では、私たちは月曜と火曜に行ったことを共有し、それからクラスの中でブレインストーミングをしました。集めた情報をもとに人々が不便に思っていることを見つけ、解決するためのアイデアを考えていかなくてはなりません。先生は私たちにブレインストーミングのやり方や、うまくニーズを見つけるためのコツを教えてくれました。私たちは寮に帰った後も、深夜までブレインストーミングをし、アイデアを出し合い、ようやく一つ目のプロトタイプをつくりました。

同じように木曜もブレインストーミングを行い、もう一つのプロトタイプをつくり、最終的に2つのアイデアとプロトタイプをつくり上げることができました。

・金曜日：アイデアの発表

金曜日は、いよいよクラスでプロトタイプのお披露目です。クラスには約40名のクラスメートがいましたが、すべてのチームがテーブルにプロトタイプを置き、インタビューに使ったノートを広げました。クラスメートが考えたアイデアに驚かされたり、自分たちのアイデアを説明したりしながら、各自がこの1週間の成果を見せ合いました。実はこのとき、私は自分のプロトタイプに自信がありませんでした。クラスメートの素晴らしい作品と比べ、先生の評価が低かったらどうしよう、と緊張していたのを覚えています。

しかし、私たちは各自のプロトタイプをぐるっと見回しただけで、評価も何もせずに自分の場所に戻りました。そして先生がこう言ったのです。「誰のアイデアがよいとか、このプロトタイプが優れているとか、そういったことは関係ありません。なぜなら最も大切なことは、この経験から何を学んだかということなのだから。グッジョブ！」。

「学んだこと」を共有する

このとき各自が発表したのは「What we learned」、この週のプロジェクトを通じてそれぞれが学んだこと、でした。d.schoolの授業は、振り返りをとても大事にしており、どんな授業でも必ず各自の学びを共有します。先生によってやり方は異なりましたが、たとえばプロジェクト発表の最後に各チームが学んだことのスライドを含める授業もあれば、参加者全員が車座になって、一人ずつ順番にこのクラスで学んだことと、何が変わったかを発表していく授業もありました。

この授業では、30分程度を振り返りの時間にあてました。はじめの5分ほどを用いて「授業を受ける前に期待していたこと」「授業を通じて何が変わったか」そして「これから何をするか」についてのメモを書いた後、みんなでそれを発表していくスタイルでした。このとき、必ず全員が共有し、全員が耳を傾けます。発表に対する質問やアドバイスの時間はなく、各自の発表を拍手でたたえていきます。

これは私が台湾で受けていた教育の中ではほとんど経験しなかったスタイルですが、授業を通じての経験と発見を参加者全員で振り返るのは、何かを学ぶ中で非常に有意義な時間だと教えてもらいました。私もいま、自分が担当する研修やセミナーでは、必ずこの時間をとって、参加者全員に気づきを共有してもらっています。

学び方を学ぶ

あっという間に最初の週が過ぎ、一つ目のプロジェクトが終わりました。

それまで台湾で私が受けてきたデザイン思考の授業は、座学を通じて「これが共感」「これは定義」と各プロセスを先生から教わっていくというものでした。それぞれの授業では順を追って学んでいくのですが、プロセスごとのつながりや役割、全体の流れを理解するのが難しかったのです。何より、手を動かして実践する機会が少なすぎたため、実際の場面でデザイン思考をどう使うのか、身に付けられなかったのです。スタンフォードでの授業では最初の1週間だけで、すべてのプロセスを学び、実際に使ってみることまで進んでいきました。

この体験を通じ、私は「これこそが実践的なデザイン思考の学び方ではないか」と痛感しました。ここでの教育は、これまで受けてきた教育制度とまったく違うということに私はショックを受けましたが、私はこの経験で、自分自身の学ぶ姿勢が大きく変わったこと、そしてデザイン思考の捉え方についても変わったことを感じました。

そして最初の学期を終えた後、私はデザイン思考の研究を続けることにしたのです。

スタンフォードでの授業の受け方

スタンフォード大学でも、デザイン思考とd.schoolの授業は大人気です。ＡＩや機械学習の授業では、１０００人を超えるクラスもあるのですが、d.schoolで行われているデザイン思考のクラスは実際のプロジェクトを行っていくため、一つの授業は、多くても40人程度の学生しか受講できません。特にd.schoolの授業は学生に対する教員の割合が非常に高く、学生5人から10人に対して一人の割合で教授や講師が授業に参加します。近年ではさらにd.schoolの人気が高まっていることもあり、希望しても5人に一人くらいの割合でしか受講できないといわれています。

抽選や先着などの方法をとっている大学もあるかもしれませんが、スタンフォード大学でd.schoolの授業を受講するためには、「なぜ自分はこの授業を受けたいか」「過去の経験」「自分がこの授業に参加することで授業に貢献できること」といった、まるで履歴書のような応募フォームを提出する必要があります。これに加え、この授業では「このクラスに参加したい理由」を1分でまとめた動画まで提出する必要がありました。

当時を振り返ってみると、幸運にも私が受講できたのは次のような理由があったのではないかと思います。

1　非常に強いモチベーションがあった

2　機械工学科の専攻だった

当時の私は、デザイン思考の授業を受けるために台湾からやってきて、それを優先するモチベーションがありました。また講師陣は、さまざまな視点を増やすことで学生同士の化学反応をより効果的にするために、メンバーに多様性をもたせることにも気を配っていました。ビジネススクールや教育大学院の学生が多かった中で、エンジニアのバックグラウンドをもっていた私もこの授業に貢献できると思っていただけたのでしょう。

余談になりますが、d.school の授業は、選考を通過した学生が学期途中での履修放棄や欠席を認めていません。そのような場合、次の学期以降のクラス選考に影響が出ると応募フォームにも書いてあるほどです。これはチームプロジェクトが基本なので、チームの作業が成り立たなくなるというだけでなく、受講したくてもできなかった学生がいることを理解して、誠実に参加することを求めているのです。また、d.school では毎回の授業ごとに宿題やプロジェクトを進める必要があるので、プロジェクトを進める時間を授業以外にとれるか、期間中は優先的に授業に取り組めるか、などといったことを、受講前に行われる授業説明会や講師陣との面談などを通じて確認されるのです。

学びを共有する道へ

こうして私はスタンフォード大学で2年間、デザイン思考を学び続けながら機械工学の修士号をとりました。ファシリテーターとしてd.schoolの授業を担当する幸運にも恵まれましたが、卒業後は現地にあるサムスン電子のイノベーションセンターでデザインエンジニアをしながら、シリコンバレーにあるスタートアップや現地を訪れる企業の方々にデザイン思考のワークショップを開催していました。その後、日本で職に就く機会があり、楽天やメルカリといったＩＴ企業でデザイン思考を活用してイノベーションを起こそうとしています。

デザイン思考を使い、イノベーションを起こそう

「イノベーションが必要」「イノベーションを求めて」「イノベーションを起こそう」数多くの日本企業がイノベーションを求めています。私は、デザイン思考がイノベーションの創出

にも役立つと考えています。次の図（図1－2）を見てみましょう。

まだハードウエアが成熟していなかった時代は、「技術力」に焦点が当たっていました。成長している市場に向け、新機能や高いスペックを搭載した製品を提供することでヒット商品を生み出す、この図におけるビジネスと技術が大きなポイントだったのです。

時代が流れ、技術や市場が成熟してきている現在では、イノベーションを起こすことは難しくなってきています。いまではこれらに加え、イノベーションを起こすためには、①**技術的に実現できる製品**を、②**成長している市場に供給する**だけでは、③人々にとって魅力的なもの、つまり**本当にユーザーが欲しているもの**、という視点が必要になったといえるでしょう。

企業でデザイン思考がブームになっているのも、この認識が理解され始めているからだと思います。デザイン思考は、ユーザーが困っていること、ニーズがアイデアのスタート地点です。日本の企業は高い技術力で、世界をリードしていました。そのやり方にデザイン思考を取り入れることで、よりイノベーションを起こすための方向性に近づけるのではないでしょうか。

図1-2　イノベーションを起こすための概念図

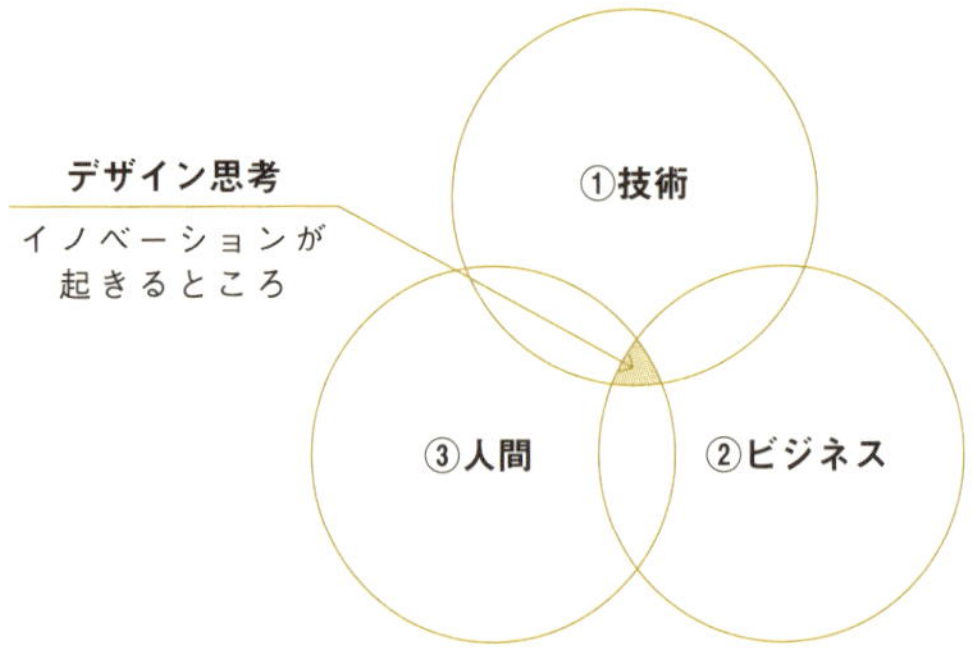

■技術、ビジネス、人間が重なるところでイノベーションが起きる

■ワークショップの様子

第2章

デザイン思考をやってみよう

デザイン思考のプロセス

この章では、デザイン思考の各プロセスについて、考え方のポイントやどのように実際のアクションにつなげていくのかについて紹介します。第1章では、①**共感**（**Empathize**）、②**定義**（**Define**）、③**アイデア**（**Ideate**）、④**プロトタイプ**（**Prototype**）、そして⑤**テスト**（**Test**）の各プロセスがあることをお話ししました。それぞれのプロセスでは、具体的に次のような形で進めていきます（図2－1）。

0　問題定義↓トピックを決める

プロセスに入る前に、どんなトピックをテーマにしてプロジェクトを進めるか決めましょう。これがないと、プロジェクトも始まりません。企業やワークショップ、授業であれば事前に決まっていることもあるでしょうが、まだ決まっていなければトピックを選びます。

図2-1　具体的なデザイン思考のプロセス

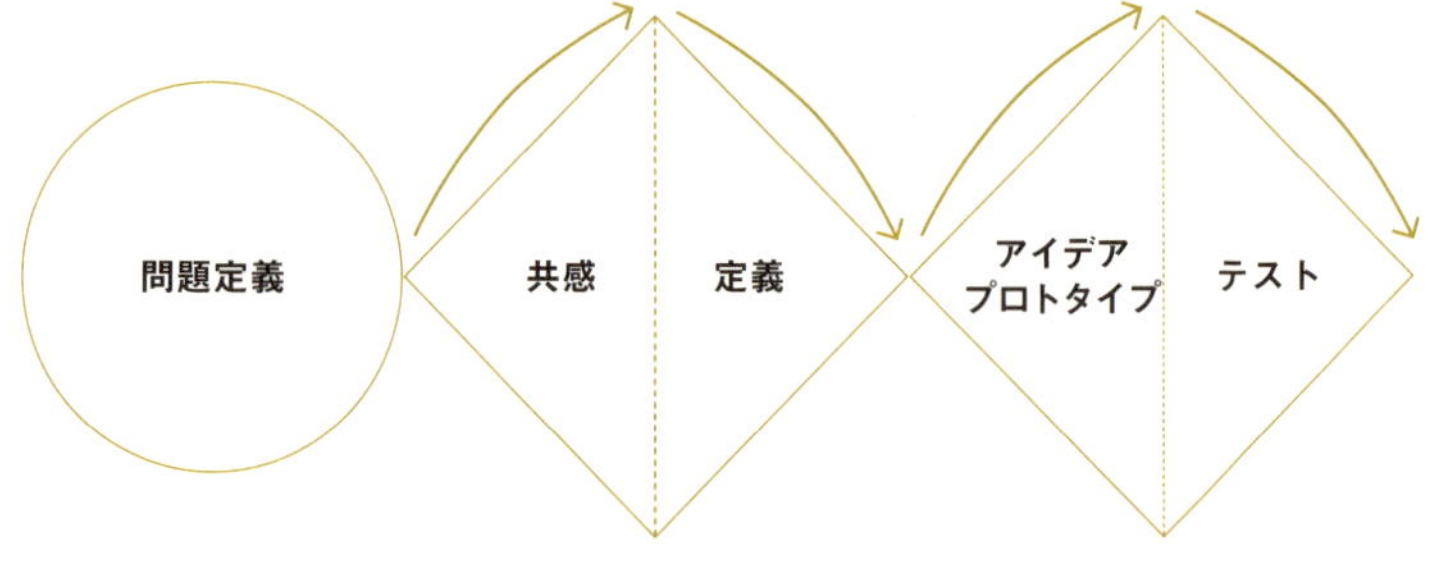

■この5つのプロセスで進めていく

1　共感（Empathize）→問題を見つけるための情報を集める

まずはニーズファインディング、すなわち問題を見つけるための準備から始めましょう。トピックをもとに、関係していそうな人々のインタビューを通じて、どこに問題があるのかを探すための情報を集めます。

2　定義（Define）→解くべき問題を決める

インタビューで集めた情報をもとに、解くべき問題を探します。インタビューの結果次第では、問題が見つかりにくいことや、問題だらけになってしまうこともありますが、「いま自分たちが解く問題」は一つに絞る必要があります。

3　アイデア（Ideate）→ブレインストーミングを通じ解決方法を探す

問題を解決するためのアイデアを考えます。多くの場合はチームでのブレインストーミングを通じて、多くのアイデアを出し、優先順位の高いものから次のプロセスに進めていきます。

4　プロトタイプ（Prototype）→アイデアを検証できる試作品をつくる

アイデアを実際にテストするため、プロトタイプと呼ばれる試作品を作成します。早く、多くのアイデアを試すことが重要ですので、必要なポイントを押さえながらも、凝りすぎないプロトタイプをつくっていきます。

5　テスト（Test）→ユーザーテストを通じて評価する

実際にアイデアを評価してもらいましょう。ユーザーにプロトタイプを体験してもらい、アイデアの評価を行っていきます。フィードバックをもとにプロトタイプを改善し、ゴールが見えたらアイデアの実現に向け動き出しましょう。

0 トピックを決める

デザイン思考におけるトピックとは、「目的」や「テーマ」と言い換えるとイメージしやすいかもしれません。私がスタンフォードの最初の授業で扱ったのは「インスタントラーメンを食べる体験をデザインする」「子どもたちが食べる物を健康的にする」「英語を母語としない子どもたちの英語学習環境を考える」の3つでした。ビジネスの現場であれば、「アイデアが生まれやすい環境をデザインする」「より使いやすいサービスにする」といったトピックもあるかもしれません。ポイントとしては、自分も体験したことがあることや、体験した人、関係した人に話を聞ける内容を選ぶとよいでしょう。

たとえば「宇宙ステーションでの滞在を快適にする」といったトピックですと、宇宙での生活を体験したことのある人にインタビューし、実際にプロトタイプをテストしてもらうことが難しいかもしれません。このようなときは、「飛行機に乗っている時間をデザインする」としてみてはいかがでしょう。限られた空間で過ごす時間を改善にする、というテーマを生かしたまま、インタビューできる人の数はぐっと増えるのではないでしょうか。ほかにも、チームのメンバーにまったく知識がなく、体験することが難しいトピックについても、インタビューやプロトタイプの際に、前提を見誤ってしまうかもしれませんので、避けたほうがよいと思います。

デザイン思考の得意分野・苦手分野

デザイン思考を使うことで解決できるトピックとは何でしょう？　私は、人々の問題に関連していることであれば、どんなトピックでもデザイン思考を通じて解決に近づくことができると考えています。デザイン思考の基本プロセスは、インタビューを通じて問題を探し、チームでアイデアを見つけ、形にして、ユーザーにテストしてもらいます。私たちは、「誰か」の問題を解決するためにデザイン思考というアプローチを選択しました。人々の問題に関連することはすべてＯＫなのです。

逆に、スマートフォンのＣＰＵを高性能化するアルゴリズムの改良や、数学の定理を証明するといった明確な答えが存在しているものについては、デザイン思考のトピックには向かないといえるでしょう。

医療業界を例に考えてみると、新薬の開発や抗ガン剤の効果を高めるといった開発そのものは苦手です。一方で、患者さんが飲みやすい薬をつくる、注射を受ける際の恐怖をやわらげる、というように誰かの体験を改善するトピックは、デザイン思考を用いて解決策を考えるのに向いています。

誰かのニーズや体験からアプローチするということは、何か新しいアイデアを考えるときや、新たなサービスをつくるとき、そして海外に展開してローカライズするといったような、今までの延長線ではなく、新しいものをつくるためのアプローチとして向いているのでしょう。そのため、シリコンバレーのスタートアップをはじめ、世界各国のＩＴ企業やグローバル企業が、こぞってデザイン思考を取り入れるようになったのだと思われます。

1 共感（Empathize）
↓ 問題を見つけるための情報を集める

デザイン思考は、人々の不便や不満を問題とし、そこからアイデアを展開していくのが基本的なスタイルです。つまり、適切な問題を見つけることができるかどうかで、その後に続くプロセスの成否が大きく左右されるということです。

このプロセスでは、その問題を見つけるための情報を集めていくのが目的です。もし、すでにおもちの問題が明確であれば、その問題が「いま自分たちが解くべき問題か」ということを確かめるために用いてもよいかもしれません。具体的には、インタビューを通じて人々の不便やニーズがどこに、どのような形であるのかを探っていきます。

共感の3つのレベル

デザイン思考では、このプロセスを「共感」という言葉で表します。つまり、インタビューや観察を通じ、できるだけ相手の気持ちに寄り添うことで、不便やニーズがどこにあるのか、何が本当の問題なのかを探し求めるということです。

具体的には、次のような方法でユーザーとの共感を深めていきます。たとえば、「外国から日本にやってきた旅行者が、電車に乗るために切符を買う体験をデザインする」というトピックについて考えてみましょう。

1　ユーザーを観察する（Observe）

ユーザーがどのような体験をしているか、よく観察することから始めます。対象となる人々がどのような体験をしているか、実際にアクションを起こすタイミングだけではなく、その前後も含めて細かく観察し、違和感や変化を見落とさないようにしましょう。

このトピックであれば、実際に駅に足を運んでみます。ユーザーが駅に入ってから、どうやって自動券売機を探しているのでしょう？　目的地までの値段の確認や、購入フローはうまく進みましたか？　支払いは現金？　クレジットカード？　何か困った様子や手間取っているところはありませんでしたか？　このような視点で、彼らの行動をよくチェックします。

2　自分で体験してみる（Immerse）

実際に一連の動作を体験してみましょう。ユーザーとして自分でも体験することで、問題のきっかけを探すとともに、インタビューの際にユーザーが説明してくれる行動について理解しやすくなります。このとき、できるだけ事前の知識や思い込みは排除して、**「初心者の視点」**を大事にしながら体験してみることで、違和感を発見しやすくなります。

電車の切符を買ったことがない方はほとんどいないかもしれませんが、SuicaやPasmoに慣れてしまって切符を買うことが減ってきているかもしれません。実際に海外旅行に来ているつもりになって、日本語がわからない気持ちで切符を買ってみましょう。

また、切符を買う際に、たとえば後ろに待っている人がいたらどういう気持ちになるか、行き先の駅が案内板に見つからなかったらどうするか、現金を持っていなかったらどうするか、など状況を変えた体験もしてみます。

3　ユーザーに直接聞いてみる（Engage）

インタビューを通じ、ユーザーが感じたことを共有してもらいます。できる限り詳しく、多くの情報を集めることで本当の問題に近づくことができます。可能であれば、ユーザーの体験が新鮮なうちに、話を聞いてみるのがよいでしょう。

つまり、今回のトピックであれば、思い切って駅で切符を買っている外国人旅行者らしき人に話しかけ、直接話を聞いてみます。今日はどこからきたのか、日本語はどれくらい理解できるか、といった話から始めて、切符を買う体験を通して何を感じたのか、どうやって切符の買い方を知ったのか、何か困ったことはなかったか、といった内容をシェアしてもらいます。

ほかにも、駅員さんや案内担当の方など、外国からきた旅行者がきっぷを買うという経験に関わっている方にも、よく尋ねられる質問や困ったことなどあれば聞いておくのがよいでしょう。ただ、声をかける際は業務の妨げにならないタイミングを見計らって、手短に！

人を観察したり、自らが体験したり、インタビューで話を聞いたり……共感のための3つの方法を紹介させていただきましたが、やはり「共感」することは本当に難しいものだと思います。我々は、ユーザーである人々と100パーセント同じ思いを共有することはできません。もし、家族を失った人がいても、その人にならない限り、同じ悲しみを共感することはできません。仮に同じ経験をしていたとしても、同じ痛みや悲しみを体験しているのかは、正直なところ誰にもわからないでしょう。

デザイン思考と同じように人を起点に考える人間中心設計でも、世界的な研究家であるドナルド・ノーマン氏が、「本当の意味で他人に共感することはできない」とまで断言しています。

共感が難しいことは私もよくわかります。しかし、ぜひ使う人の気持ちに寄り添うことにチャレンジしてください。彼らの行動をよく観察し、話を聞く前に自分でも体験してみましょう。一歩深く彼らの体験を共感できれば、問題へも一歩近づけるということです。自らの体験を通じ、どんな問題があるのかをきちんと理解しておけば、あとは心を開いて彼らの経験に耳を傾けてみましょう。

極端なユーザーを重視する

インタビュイー（インタビューを受ける人）を集める方法はいくつかありますが、企業であればユーザーミーティングやアンケートを通じた募集などいかがでしょう。学校であれば、クラスの同級生や友人、家族に話を聞いてみるといった方法が考えられます。

スタンフォード大学のあるシリコンバレーのように、知らない人にでも気軽に話しかけるカルチャーがある場所であれば、大学や駅で話しかけてみる、レストランが空いている時間に飛び込んで聞いてみることもできるかもしれません。クレイグスリスト（地域の掲示板的なネットサービス）やFacebookを使ってインタビュイーを募集することもありました。

私がインタビュイーを集めるときは、ユーザーの中でも特に**「極端なユーザー（Extreme user）」**と呼ばれる人が入るようにしています。極端なユーザーというのは、その体験やサービスについて、まさに「極端な考え」をもっている人、もしくは「極端に体験している人々」のことを指します。

もし私が病院で過ごす体験をデザインする場合、誰を「極端なユーザー」と考えて話を聞くと思いますか？　この場合、病院に誰よりも長くいるであろう看護師や医者を「極端なユーザー」と考えます。トピックによっては毎日、病院の警備をしてくださっている警備員さんや、院内の掃除をされている方、長らく入院されている方もいるかもしれません。彼らは、いわば「体験のプロフェッショナル」ですので、こういった方々が問題をもっているとすれば、ほかの方よりも多くの不便を体験している可能性があります。

また、「極端なユーザー」には、サービスやプロダクトのどこかに対して「大好き」「大嫌い」があるユーザーがいることも覚えておきましょう。「いつも行列しているレストランで、待ち時間をデザインする」というトピックの場合であれば、人気のバロメーターとしてレストランの行列が「大好き」なお客さんと、レストランに入ってみたいけど待ち時間がもったいないので行列が「大嫌い」というお客さん、なんていうのも「極端なユーザー」として挙げられるでしょう。

インタビューの準備

インタビューをする際には、ノート、ペン、ICレコーダー、そしてカメラといった記録を助けてくれるものを準備しましょう。こちらからインタビュイーのところに足を運ぶのであれば、2人ひと組で聞き役とメモをとる役目を分担しておくのがよいかもしれません。写真撮影や録音を行う場合は、インタビュイーに許可をとるのを忘れずに。インタビューの途中でパソコンをたたいてしまうと、会話の流れが途切れてしまうので、こういった方法での記録は効果的です。

インタビューのための場所が確保できるようであれば、飲み物やお菓子などを用意しておくことで、インタビュアーとインタビュイー、両方の緊張をほぐすのに役立つでしょう。カフェなどで行うのもよいかもしれませんが、あまりに賑やかな場所では、雑音が気になってしまうでしょう。また、大きな部屋で複数のインタビューを行う場合は、ホワイトボードなどで仕切りを立て、ほかのチームのインタビューがあまり気にならない環境をつくりましょう。

人数も大事な要素です。お互い話に集中できるように、インタビュイー一人につき、インタビュアーも一人か2人ぐらいにしましょう。企業の面接や裁判ではありませんので、インタビュイー一人を4～5人で取り囲むようなインタビューは、インタビュイーを萎縮させてしまいます。

また、双方5人がいたとしたら、合コンのように5対5で話すと、ほかの人の体験に引っ張られてしまう可能性があるので、1対1のインタビュー5つに分けましょう。逆に、インタビュイー5人に対してインタビューする側が一人や2人では、どうしても話を聞き逃してしまいます。聞く側も聞かれる側も、適切な人数をセッティングするようにしてください。

ほかにも、プロダクトのユーザビリティーテストをするなら、カメラを設置して、どのようにそのプロダクトを使っているのか記録してみることもできます。また、ユーザーリサーチでは、「日記調査」と呼ばれている手法もあります。プロダクトやサービスを利用してもらい、その感想を一定期間、日記のように書き記してもらうという方法です。さらに、ユーザーがいつ、そのサービスを使うのかを理解するために、たとえば1日中ユーザーに付き添って行動することもあります。

アイスブレイクから始める

さて、インタビューの準備が整いました。いきなり質問には入らずに、まずは「私は何者か」「私がインタビューをする理由」などを話して、これから行うインタビューについて理解してもらいましょう。また、アイスブレイクとなるような話題を通してお互いが話しやすい雰囲気をつくっていきます。相手の反応を見ながら、お互いの理解が深まるように興味を示していきます。手元においた質問リストを見つめながら、「どちらにお住まいですか?」「週末は何をしていますか?」とチェックリストを埋めていくような形では、インタビューはうまくいきませんよ。

インタビューはデートのように

インタビューでは、ユーザーに心を開いてもらう必要があります。事務的な態度で話を聞いても、相手の体験を理解し、問題を共感できるようなインタビューにはならないでしょう。「なぜ私の話をあなたにシェアしなければならないのか」と思われても仕方ありません。

我々はユーザーが「何をしたか」という体験だけではなく、「なぜそうしたのか」「どんな体験だったのか」といった経験に加え、そこで感じた不満・よかった点・気になったこと、そのようなことを聞くのが本質なのです。

初対面のインタビューだとしても、ユーザーとよい関係、友だちのような関係を築けるように努力しましょう。たとえば、気になる異性と初めてのデートでお茶をすることになったと想像してみてください。そのとき、あなたは何をしますか？　どうやってお互いの接点を見つけようとし、相手の反応を見ながら、お互いを理解しようとしますか？　これが最初のステップです。相手を理解し、共感する。相手の体験を聞き、共有してくれる経験について、できる限り時間を費やして、より深く理解できるようにしています。

好奇心をもって聞く

インタビューのポイントとして、**好奇心をもって聞いてみる**ことがとても重要です。会話の中で、**何か驚くべきこと、「あっ!」と思うことを見つけたら、それは「何か」のサイン**です。あるいは、何か**矛盾**していたり、話している人の**雰囲気が変化**する瞬間があったら、そこをもっと理解したいという好奇心を示しましょう。「それは何ですか? もっと詳しく教えてもらえますか?」と尋ねていくことで、体験を深く理解するためのきっかけをつくることができるはずです。

インタビューはバスケットボールのように

d.schoolの授業で「インスタントラーメンを食べる体験をデザインする」というプロジェクトを行ったことは1章で述べましたが、その際にこのようなインタビューがありました。

私「最後にインスタントラーメンを食べたのはいつですか?」

学生「えーと……先週の金曜に、寮で食べました」

私「先週の金曜？　寮で？　**もっと教えてください**。誰と一緒に食べましたか？」

学生「一人で食べました」

私「一人でラーメンをつくって食べたのですね。どうやってラーメンをつくりましたか？」

学生「水を沸騰させてから麺を入れて、3分経ったら粉末ソースを加えます」

ここまで聞いて、私は少し**違和感**を覚えました。「**なぜ**金曜の夜に、友人と出かけないで寮でラーメンを食べたのかな？」。これをサインだと感じて、彼の発言の背景を探っていくことにしました。

インタビューにおける話し手と聞き手の関係は、バスケットボールに似ていると思うときがあります。私のお気に入りの選手は、コービー・ブライアント。元ＮＢＡのスーパースターだった彼は、相手ディフェンスの動きを読み切り、ディフェンスが迫ってくれば逆サイドをドリブルで突破し、パスを警戒していればその場からシュートを打つ、と相手の動きに合わせたプレーのできる選手でした。

ユーザーインタビューというのは、これに似ています。決まった質問をして答えをパソコンに打ち込むだけではダメです。ユーザーはディフェンスで、あなたはオフェンスだと思いましょう。ディフェンスがどうするのかよく聞いて、観察して、どんなことを言ったら本音を言ってもらえるのか、考えてください。

日本では**「どうやったら本音を聞くことができるか」**が大きなポイントになると思います。たとえばレストランで、お店の方に「おいしいですか？」と聞かれたら、本当はちょっとイマイチであっても「おいしいです」と言ってしまいませんか？　本音と建て前というか、言わなくてもいいことは言わない、というのが日本の文化だからだと思います。

日本で質問するときは、回答が「Ｙｅｓ／Ｎｏ」に絞られるクローズド・クエスチョンではなく、答えが広がりをもつようなオープン・クエスチョンを聞くようにするのが効果的なようです。レストランの例であれば「本日の料理はどうでしたか？」と聞くようなイメージです。インタビューでも、聞かれたユーザーが自由に発言できるような質問を心がけましょう。

Whyで掘り下げる

インタビューで重要なのは、**驚き**、**雰囲気の変化**、**矛盾**の3点です（図2−2）。またユーザーが示す感情の揺れも欠かせません。これらを深く理解するためには、「なぜ（Why）それが起こったのか」「なぜ（Why）そうなったのか」をキャッチするのがポイントです。

「Why？」は、インタビューをさらに深く掘り下げるためのブレイクスルーポイントになります。

先ほどのラーメンのインタビューの中で、「**なぜ**金曜の夜に、ラーメンを食べたのですか？」と聞くと、彼は「お金がないからラーメンしか食べられなかった」という話をしてくれました。そこで続けて、「**なぜ**お金がないの？」「毎月いくらもらっているの？」「**なぜ**今月は苦しいの？　何か特別なことが起きたの？」などと聞いていきました。

面白いことに、このあと彼は「普段は友だちの車で夕食の食材を買いに行くんだけど、この日は友だちが不在だった」そして、「実は夕食を買いに行くのが面倒だった」と話してくれました。Whyで掘り下げたことで、当初の回答を別の視点で見ることができたのではないかと思います。

もっとも、今こうして振り返ってみると、初対面の私はずいぶんと遠慮なく質問していますね（笑）。よく彼が質問に付き合ってくれたと、感謝しています。そしてインタビューするときは、このように常に好奇心をもって深く質問する姿勢をもってください。

「もっと教えてください」というセリフは、インタビュイーのストーリーや感情、**「なぜ？」**をもっとよく理解することにつながるので、ぜひ言ってください。そして「何が起こったのか」よりも**「なぜ起こったのか」**のほうが重要です。インタビュイーは一人ひとり異なるス

図2-2　インタビューで重要なもの

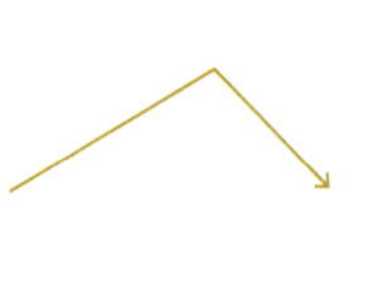

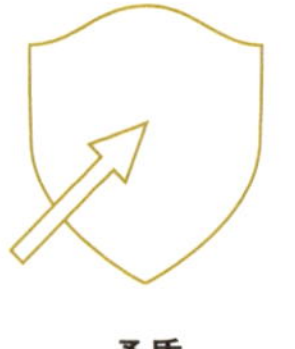

■これらを感じたところを深堀りする

トーリーをもっています。彼らの話に耳を傾け本当に理解しようとする。これこそがインタビューの肝です。

矛盾こそがヒント

驚き、雰囲気の変化、矛盾が重要だと述べましたが、私の経験から例を一つ紹介します。私は「生徒の数学の学び方をデザインする」というテーマで、高校生にインタビューを行う機会がありました。

アイスブレイクに続いて、「数学は好きですか？　最近どうやって数学を学びましたか？　詳しく教えてください」という質問をしてみると、「数学は難しいので好きじゃありません」と答える生徒もいれば、「数学は面白いので好きだけど、勉強してもなぜかテストでは点数がとれなかった」と答える生徒もいました。彼の相反する回答が「**矛盾**」です。

数学を学ぶのは楽しいのに、テストはうまくいかなかった。学び方に工夫の余地があるかもしれませんし、ゲームに夢中で学ぶ時間が足りていないのかもしれません。教材ももっと改善できるかもしれません。

このように、矛盾に注目して見ることで問題のヒントは見つけやすくなります。こういった気づきをインタビューで感じた場合は、さらに質問して掘り下げていきましょう。

インタビューのコツ

私がインタビューを行う際には、次の6つのポイントに気をつけています。

1　答えを提案しない

話し手が答えにつまって口ごもったとしても、答えを提案して助けてはいけません。自分の期待通りのことを言わせるのではなく、インタビュイーから出てくる言葉を静かに待ちましょう。

2　沈黙を恐れない

多くの場合、沈黙を受け入れると話し手は今言ったことを自分の内で反芻し、より深い意見を言ってくれるでしょう。

3　矛盾を探せ

人間は言うことや、やることに矛盾がある生き物です。これらの矛盾を丁寧に掘り下げてください。

4　非言語の手がかりに気づけ

ボディーランゲージや表情は時に言葉よりも多くを語ります。相手が身振り手振りを交えて話しているときは、感情の起伏があったという合図かもしれません。

5　回答を深掘りする

話し手の答えに対し、さらに深掘りしてフォローしましょう。シンプルな疑問文を使用して、「どうしてですか?」「そのときの気分はどうでしたか?」と、より多くの言葉を引き出します。

6　「なぜ?」を使う

「なぜなのでしょう?」「なぜそう感じたのですか?」などの質問をしましょう。

■こんなインタビューはダメ

こんなインタビューは ダメ絶対！

私が見てしまったことがある、「うまくいかない」インタビューを紹介します。

×話し手と目も合わせない

×来てもらった理由、インタビューさせてもらいたい理由をほとんど説明しない

×用意された質問リストに沿ってさっさと質問をしようとする

×事務的に「今日は質問があります。最初の質問は○○です。はいはい、なるほど。わかりました」と聞いてパソコンに打ち込むだけ

こうやって文字にすると誰がどう見てもダメだと思うはずです。でもいるんですよ。早く終わらせて帰りたいのか、時には話し相手が誰なのかも気にしていないこともあります。聞き手がそんな態度なのに、話し手にはオープンマインドであることを強要するのはおかしいですよね？　それに、インタビュイーの本音を聞いていないのに、どうやって彼らに共感できるでしょうか。これはただ氷山の一角のほんの浅い部分だけを理解したにすぎません。私は人に共感するとき、「深く掘り下げる」と表現します。「深く掘り下げる」ことができないと「共感する」とはいえません。共感の第一歩は相手に心を開いてもらうことです。

インタビューが終わったら

話を聞いたら、記憶が確かなうちにメモをまとめておきましょう。次のプロセスでは、各自が聞いたインタビューの内容をもとに、みんなで「解くべき問題」を定義します。d.schoolでは、「Unpack for the team」といって、各自のインタビュー結果をできる限りチームにシェアすることを推奨していました。これを見習って、写真・質問・回答など、すべての情報をホワイトボードにまとめていきます。「共感マップ（Empathy Map）」や「ジャーニーマップ（Journey Map）」などを書いてもらった場合は、それもぜひ共有して、あなたが聞いた話をUnpackしていきましょう。

私の場合は、はじめにインタビューを聞いた人の似顔絵イラストを書いて、その周りに「一連の体験で、ユーザーが感じたこと」「一連の体験について、ユーザーが言っていたこと」をメモしたポストイットを貼り付けていきます。こうして、ほかのチームメートが会えなかったインタビュイーをイメージしてもらい、彼（彼女）らの体験を想像しやすくします。

ブレインストーミングの準備をする

「定義」と「アイデア」、この先2つのプロセスは、チームでのブレインストーミングを通じた作業になります。

まずは、ブレインストーミングをするためのメンバーを確認しましょう。大学の授業や会社のプロジェクトであれば、ここまでのプロセスでチームメンバーは決まっているかもしれません。このとき、学校であれ、会社であれ、「多様性（Diversity）」をもったチームのほうがブレインストーミングはうまくいくことを覚えておきましょう。多様性とは、性別や文化・宗教・出身・得意分野・キャリアなど、なるべく異なるバックグラウンドをもった人々を一つの場所に集めるという意味です。

バックグラウンドが異なれば、ものの見方や知識も異なってきます。こういった複数の視点は、アイデア出しやブレインストーミングにとても役立つので、シリコンバレーでは多様性をとても大事にします。

多様性がチームのカギ

d.schoolで私が受けた授業でも、多様性の強みを実感しました。ハードウエアのエンジニアだった私は、ビジネススクールの学生や歴史専攻の学生、法科大学院の学生など、プロジェクトごとに異なったバックグラウンドのメンバーと一緒に考える機会を得たのです。彼らとブレインストーミングをしていると、いつも違った見方からのアイデアが出てきて、お互いの視野が広がるのを実感できました。

学校や会社、セミナーの中でチームを編成するときは、ぜひ異なるバックグラウンドの人を探すようにしましょう。たとえばあなたが、ウェブサイトのディレクターだったとしましょう。新しい製品やプロジェクトを考える必要があるとき、同じディレクターのチームメンバーだけで考えるよりも、エンジニアやデザイン担当者、お客様のサポート担当の方と一緒に考えてみるのです。システム設計の観点や、お客様からの問い合わせを担当している顧客サポートの視点など、普段とは異なった視点を取り入れることで、アイデアに広がりが出るのを感じられるでしょう。

私のチームビルディング方法

多様性のあるチームはどのようにつくればいいのでしょうか？　私がメルカリでやっていた方法をご紹介します。たとえば、私がある問題を解決したいとき、まずは自分一人で問題を定義し、この問題を解決すべきバックグラウンドをリサーチします。その後、社内の人に対してSlack（グループ向けコミュニケーションツール）を使ってアナウンスします。「私はいまこの問題を解決するためのプロジェクトに取り組んでいます。もし興味があれば私と一緒にブレインストーミングをしませんか？　1時間でかまいません。一緒に問題を解決しましょう」という具合です。

また、メルカリの面白いシステムの一つに「チップ制度」というしくみがあります。メルカリでは毎週従業員に、仲間への感謝代として400円が支給されます。誰かが私をサポートしてくれたら、お礼の気持ちとして39（サンキュー）円のチップをあげることができるのです。これは社内の助け合いを活性化する仕組みとして、とてもよい制度だと思います。このようなチップシステム、Slackの使用、オープンスペースなど、いくつかのことが一緒に問題を解決するのに役立ちます。

日本においても、海外の方と一緒に働く機会が増えてきました。多様なバックグラウンドをもったメンバーが増えてくるに従い、企業でも多様性の価値を理解しやすくなるでしょうし、こういった環境においては、普段から一緒にアクティビティーやスポーツをする機会を取り入れ、お互いの文化の違いや、価値観を理解しておくのもよいでしょう。

よいブレインストーミングにするために

さて、メンバーが集まったらブレインストーミングを始めるわけですが、その前にうまくブレインストーミングを行うための準備にとりかかりましょう。私がいつもポイントとしてお伝えしているのは、以下の6つです。

1 ファシリテーターを見つける
2 スペース（場）を見つける
3 チームにエネルギーを与える
4 トピックを明確にする
5 時間を設定する

6　人数は6～8人

1　ファシリテーターを見つける

最近ではセミナーやブレインストーミングで、ファシリテーターという役割を耳にすることも増えてきたのではないでしょうか。ファシリテーターとは、「facilitate（促進する）する人」という意味の通り、**ブレインストーミングのルールを理解し、会話の流れをよくする役割の人**です。つまり、教師として正解を教えたり、リーダーとして何かを決めるのではなく、参加者が自分のアイデアを自由に言えるような、会話の場を活性化するための役割を担います。

とはいえ、シリコンバレーでも日本でも、よいファシリテーターを見つけるのはなかなか難しいようです。よいファシリテーターになるためには、相応の訓練と経験が必要ということでしょう。ですから、皆さんもどんどんファシリテーターにチャレンジしてみることをおすすめします。ご存じのように、日本の人々は、授業やワークショップにおいて「話を聞く」姿勢ができています。これはファシリテーターにチャレンジする人にとっては、気持ちに余裕ができるので、非常にやりやすくなると思います。

あなたが学生であれば、小規模なイベントやゼミの勉強会をファシリテーターに挑戦する機会と捉えてみてはいかがでしょう。研究室で週に一度ミーティングをするならば、「先生、今回はブレインストーミングをやってみたいのですが」と提案してみてはどうでしょうか。日本の学校教育でもアクティブラーニングが取り入れられて、教員もファシリテーターとしての役割が求められていると聞きます。こういった取り組みがファシリテーションスキルを身に付けるよい機会になるかもしれません。

もし家族で集まって夕食を食べるなら、テーブルの進行役になって「今週何があったのか」を語り合うのもいかがでしょう。いつでもどこでもファシリテーターのトレーニングをすることはできます。小さく始めて、そして練習を重ねてください。

よいファシリテーターとは、参加者の話を「よく聞き」「うまく会話を引き出し」「会話を活性化させる」指揮者のような役割ですが、決して何かを「決める」リーダーではありません。ブレインストーミングをリードするけれど、リーダーではない、ということを頭に置きながら、うまくバランス感覚を身に付けていきましょう。

2　スペース（場）を見つける

ブレインストーミングはどこでやりましょう？　カフェ・教室・会議室……さまざまな候補が出てくると思いますが、メンバーが会話に集中でき、立ち上がってアイデアのやりとりができるだけの場所であることが最低条件です。

そして、役に立つ小道具もいくつか用意しておきましょう。ポストイットや少し太めのマジックペンを黒・赤・青と数本ずつ、そこに書いたアイデアを貼り付けるための模造紙、メモ用にＡ４のコピー用紙、ホワイトボードとマーカーも必要ですね。アイデアを選ぶ際の投票には、丸いカラーシールなどが便利です。

音楽もいいです。Spotifyなどインターネット上で共有されている音楽リストが便利ですし、d.schoolでも「Two Playlists for the Classroom」というタイトルで、音楽リストをインターネット上に公開しています。よい音楽はチームの空気を穏やかにし、思考の流れを助けてくれます。最初にプロジェクトの説明や、ブレインストーミングの前提を共有するときには、プロジェクターの準備も必要でしょう。

ちなみに、私がファシリテーターをするときのお気に入りは円形のテーブルです。特に会社では、四角いテーブルだと、礼儀正しく誰が上座でどこに座るとか、無駄なヒエラルキーに気をとられてしまい、参加者が心理的に対等になれません。円形テーブルであれば、誰がどこに座ってもみんな同じ立場でいることができます。ちょっとしたことですが、これが場をつくるよいきっかけになります。

3　チームにエネルギーを与える

ブレインストーミングは頭を使った短距離走のようなもので、考えるエネルギーを使います。またファシリテーターは、参加者の頭をフル回転させられるように会話の場を活性化させなくてはなりません。

終業後に設定していたらメンバーは仕事で疲れていますし、早朝も眠くて力が湧かないこともあるでしょう。そこで、ちょっとしたスナックなどの食べ物やコーヒーやお茶などの飲み物を用意しておきます。エネルギーが補給できるとともに、つまんだり飲んだりしている時間がいいアイスブレイクにもなります。

4　トピックを明確にする

ブレインストーミングはアイデアの広がりが大事ですが、時に広がりすぎて自分たちが何を目的としているのか見失ってしまうことがあります。いまどんなトピックについてブレインストーミングしているのか、参加者全員が常にわかるようにしておきましょう。思い切って、社訓のように大きくプリントして貼っておいてもよいかもしれません。

5　時間を区切る

d.schoolの授業では、「3分でメガネをつくる」「5分でアイデアを出せるだけ出す」といった細かな区切りを設け、頭の全力疾走を繰り返す、ということを実践していました。マラソンよりも100メートル走のほうが早く走れるのと同じで、アイデアも短時間に集中して出すことで質が高まります。そのために「Time Constrain（時間の制約）」を有効に使いましょう。制限時間を設けることで緊張感を保つとともに、ブレインストーミングの内容を細かくフォーカスしていくことができるのです。

「これから1時間でよいアイデアを考えましょう」というのでは、ブレインストーミングとはいえません。d.schoolのクラスでは3分、5分、10分といった短い時間で区切ることが多くありました。状況によって、1～2分延長してみることもあります。

もちろん**解決したいトピックやメンバーの熟練度によって、区切る時間は異なります**ので、ここに書いてある時間しかダメということではありません。短すぎるとアイデアの広がりが足りなくなり、逆に長すぎるとメンバーが中だるみしてしまいます。うまく時間の制約を使って、よいアイデアを出すためのコントロールをしましょう。

参加者が残り時間を意識して緊張感を持続できるように、時間を知らせる音楽や大きな時計があると便利です。私は残り時間が一目でわかる「タイムタイマー」というアイテムをよく使っています。

6　人数は多様な5〜8人

一つのチームごとの人数は、ファシリテーターも含めて5〜8人がちょうどよいと思います。もしあなたがセミナーの講師やファシリテーターとして活躍されるのであれば、それぞれのチームが多様性をもちつつ、偏りもないように編成するよう心がけましょう。

よいファシリテーターの条件

よいファシリテーターを探すのはなかなか難しいという話をしましたが、私の経験では、よいファシリテーターの特徴として次のようなポイントがあると思っています。

1　全員を参加させることができる

参加者の話す量に、大きな偏りが出ないように気をつけましょう。誰かが延々と話し続けていたり、まったく話せていないメンバーがいたりしませんか？　上手なファシリテーターは参加者全員を観察して、誰か参加していない人がいたら、「あなたはどう思う？」と話題を振ってみることで、会話に入ってもらえるように促します。

2　勢いを同じに保つ

参加者全員がどう感じているのか、楽しそうなのか退屈しているのか、エネルギーがなくなってきていないか、といったことを察知しましょう。話の流れ次第では、アイデアに興味を失ってしまうメンバーもいるかもしれません。ファシリテーターは、参加者全員で「決める」必要があるということを意識させ、ブレインストーミングの結果が「誰かのアイデア」ではなく、「参加者全員のアイデア」となるように努めましょう。話を切り上げる、空気を変えるなど、みんなが同じ勢いを保てるようにします。

3　会話に刺激を与える

会話に刺激を与えることも大事なポイントです。もし誰からもアイデアが提案されなかったら、考える刺激になるようなヒントを提示してみましょう。「もしこの問題を解決するのに**1億円の予算を使わなくてはならない**としたらどうする?」「もしこの問題を解決するために**AIを使わなくてはならない**としたらどうする?」などのように、具体的で制限のあるヒントを提供することでブレインストーミングがやりやすくなります。流れを誘導し、うまく広げるための手助けをしていきましょう。

4　柔軟であれ

ファシリテーターの役割は、みんなが全力で考え、発言し、それをうまく方向づけることです。時々誤解されてしまうのですが、ファシリテーターはあくまで役割であり、チームリーダーやボスではありません。何かを決めること、判断することが役割ではありませんので、個別のアイデアや発言について、どんな突拍子もない発言も「いいね！」と受け入れてください。判断したり、修正したりしないようにしましょう。

5　発散と集中を意識する

ブレインストーミングでは、流れの中における発散と集中を意識しましょう（図2—3）。チームでの会話を広げることを優先する「発散フェーズ」と、みんなの意見を集約するための「集中フェーズ」が繰り返されるということです。

たとえばユーザーの体験から問題を探していくときや、問題を解決するためのアイデアを出していくときは、いろいろな視点や要素を鑑みて、どんどんアイデアを出すようにチームの会話を発散していきます。多少の脱線も歓迎で、みんなが自由に話しやすい雰囲気づくりをしましょう。

逆に解くべき問題を決めるときや、アイデアの投票をするときなど、発散されたアイデアをまとめていくときは、集中フェーズであることを理解してチームの会話をリードしましょう。時間内に必ず決めなくてはならない、という意思を共有し、集約していくことを意識し

図2-3　発散と集中

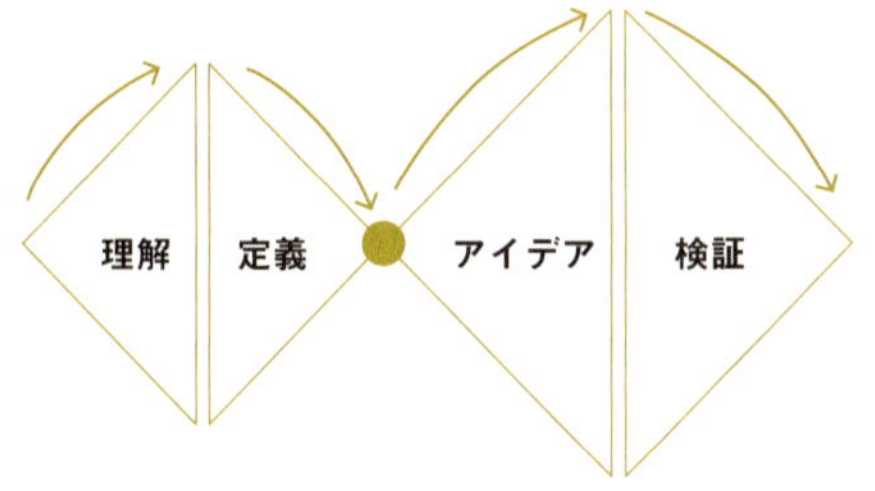

■広く考えて、後で集中する

てください。

2 定義（Define）↓解くべき問題を決める

ブレインストーミングの準備が整ったら、定義のプロセスに移りましょう。このプロセスではその名の通り、ユーザーインタビューで集めた情報をもとに、問題の定義を行います。「ターゲットは誰か（Who should we solve）」、「何を解決すべきか（What should we solve）」。それから、「どうやって問題を解決すべきか（How should we solve）」、ブレインストーミングをしていきましょう。

デザイン思考は人間を中心に考えるという通り、人々の問題を解決するのが目的となります。このプロセスのゴールとしては、問題の中から「いま、我々が解くべき問題」を定義することです。問題の解決方法については、次のアイデアプロセスで探していきましょう。

探すべき「問題」とは

このプロセスのゴールである「問題」とは一体何でしょう？　プロジェクトのトピックに関連した中で、適切なサイズにブレイクダウンした「ニーズ」や「不便を感じるポイント」などと考えるとよいかもしれません。どれだけ素晴らしいチームができたとしても、大きすぎる問題は手におえませんし、逆に小さすぎても変化が起こせないでしょう。

たとえば外国の旅行者と切符の例ですと、日本語で切符を買うのが不便だからと、「切符のシステムが問題だ」と設定してしまうと、「訪日観光客は全員無料」「デフォルトの言語を英語にしよう」「切符自体をなくそう」など、ゴールもアイデアも大きすぎるものが出てきてしまいます。

逆に「切符の自動販売機での言語切り替えボタンがわかりづらい」とまで細分化してしまうと、出せるアイデアの範囲が限られてしまい、「ボタンのデザインを大きくしよう」「ボタンの色を変えよう」「各国語のボタンをつけよう」など、小さな改善にとどまってしまうことが予想されます。

もちろん、参加メンバーによって解決すべき問題のサイズは異なるでしょう。G20に集まった首相たちであれば、「温暖化を止める」ことを問題にしても挑戦できるかもしれませんし、鉄道会社の社長が集まって切符のトピックスを話すのであれば、切符システムをなくすといったチャレンジも可能かもしれません。

職場や学校で行う一般的なプロジェクトであれば、はじめは少し大きいくらいの問題からスタートし、自分たちのプロジェクトに合ったサイズにフォーカスしていくのがよい方法だといえます。

インタビュー結果を共有しよう

では、具体的に問題を探してきましょう。まずはインタビューで集めた情報をチームでシェアしていきます。ユーザーはどんな経験をして、どこに不満や不便を感じたのか、インタビューではどこに矛盾を見つけて、深掘りしていったのか、そしてどんなインサイトを得たのか。一連の経験と気分の上下を示したカスタマージャーニーマップ（図2－4）を活用すると、ユーザーの体験を可視化でき、チームの理解が深まるでしょう。ほかにも、チームのメンバーそれぞれのインタビューから、これがニーズだと考えるものをポストイットに書き出してみてもいいでしょう。

図2-4　カスタマージャーニーマップ

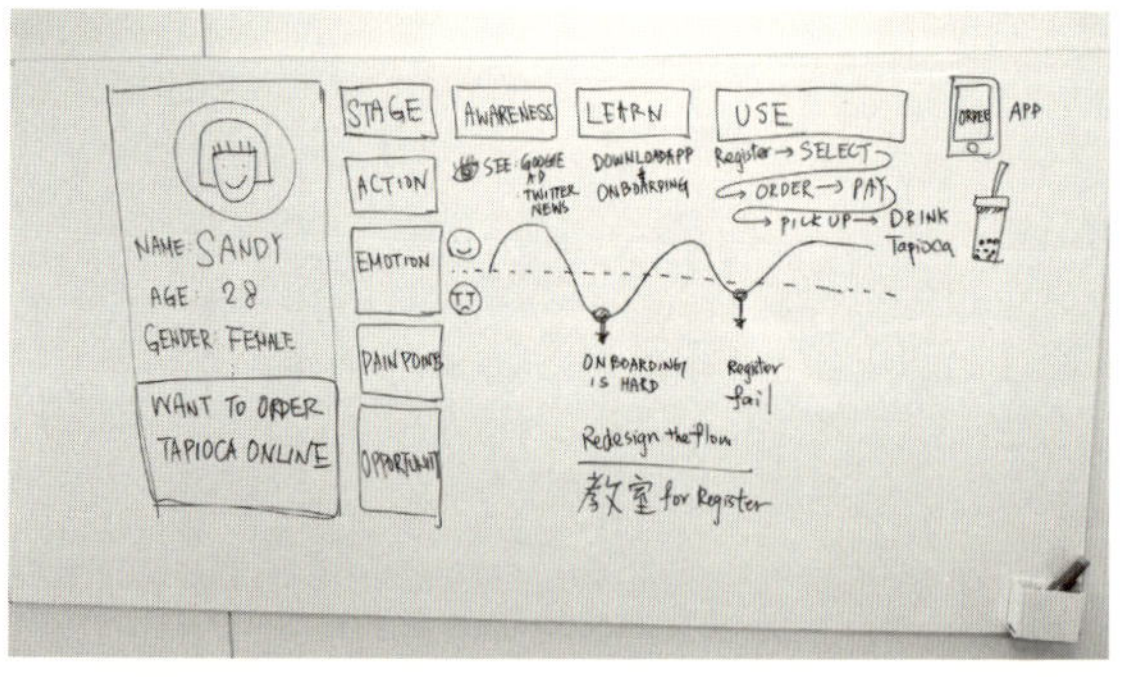

■インタビュー結果を共有する

動詞を使いニーズを探す

一連の体験の中で、ユーザーは何をしたかった、つまりニーズとしていたのでしょう？　彼らの「ニーズ」を捉えるには、名詞ではなく「動詞」を使うのがポイントです。

たとえば、「ユーザーが紙を切ったとき」に不便を感じたとしましょう。彼らのニーズを「紙を切るには何が必要ですか？」という質問に置き換え、名詞で答えを探してみましょう。「ハサミが必要だった」「カッターが必要だった」といったように、「あなたが知っている、解決のために役立つ道具」をニーズとして思いつきませんか？　このように名詞で答えを探してしまうと、「知っている解決策」が出てきやすくなり、アイデアを広げていくのが難しくなってしまいます。しかも、一度「ハサミ」と出てきたら、「よく切れるハサミ」「簡単に切れるハサミ」「左利きの人でも使いやすいハサミ」など、したかったことを簡単に実現するための「ハサミのバリエーション」にとらわれてしまい、ハサミ以外のことは考えられなくなってしまいます。

ですから、ここでは動詞を使って彼らのニーズを表現してみましょう。「紙を切るには何が必要ですか?」という質問に、今度は動詞を使って答えを探してみましょう。たとえば、「何か**切る**ものが必要です（I need something to **cut**.）」という答えはいかがでしょう。この答えを実現するアイデアをブレインストーミングしてみると、さまざまな「切るために役立つアイデア」が浮かんでくるのではないでしょうか。名詞と動詞のニュアンスをうまく使い分けることで、アイデアにたどり着きやすいようにニーズが定義できるのです。

ほかにも、「あなたの持っていたバッグがひったくりにあってしまいました。犯人は走っていき、あなたは追いかけます。このとき、何が必要でしょう?」という質問はどうでしょう? 動詞を使って答えを探すと、「もっと速く**走る**必要があります」となります。「車が必要です」とはなりません。名詞は思考を制限してしまいます。「私はより速く**動く**必要があります」というのも面白いですね。

動詞を使うことで、ユーザーが「何をしたかったのか」を考え、この後のアイデア出しで発散しやすくなります。そして、アイデアのブレインストーミングでは解決策に名詞を使うことで焦点を合わせるようにします。

ペインポイントを探せ

Painpoint（ペインポイント）とは、ユーザーの体験から、特にPain（苦痛・不満・不便）を感じるポイントのことをいいます。我々が体験の中からユーザーの問題を探すということは、ペインポイントを探すにほかならないのです。ユーザー体験を共有してみると、一つのトピックの中にもいろいろな不便が出てくることに驚かされるかもしれません。視点を変えてみると、思いもよらないところでのつまずきを知り、新たな気づきを得ることができるでしょう。グルーピングしても、まだ解決するには多すぎる悩みが残っているかもしれません。しかし私たちはこの中から、なるべく深く広い悩みにフォーカスしていきます。私たちが解決できる問題は限られますので、なるべく深い悩みに集中しましょう。

インサイトは何だろう？

ユーザーインタビューで集めた情報から、その裏にあるストーリーを予想しましょう。これは英語ではインサイトを探すということで、インタビューを通じてユーザーについて洞察・気づきを得るということになります。

インタビューの中で、矛盾・驚き・雰囲気の変化を感じたのは、どのような言葉が発せられたときだったでしょう。ユーザーから聞くことができた事実をもとに、我々はユーザーすら気づいていないかもしれない、その裏にある気持ちの動きや感情を予想して、自分たちなりの解釈を加えます。

つまり、出てくるインサイトはあくまで予想であり、仮説となることがほとんどです。たとえば、旅行に行くのが趣味という学生から、インタビューで「食費を節約するために、毎日インスタントラーメンを食べている」ということを聞いたことがあります。この事実から、「彼は食事をあまり大事に思っていない、なぜなら彼は旅行が好きで、そういった体験のほうが大事だと思っているからだ」というインサイトをつくったことがあります。

リフレーミングして考える

ユーザーの体験を共有し、ニーズを動詞で考え、インサイトを探しました。ここで一度、問題をリフレーミングしてみましょう。リフレーミングとは、ユーザーの悩みについて別の

図2-5　「本当の問題」はどこにある？

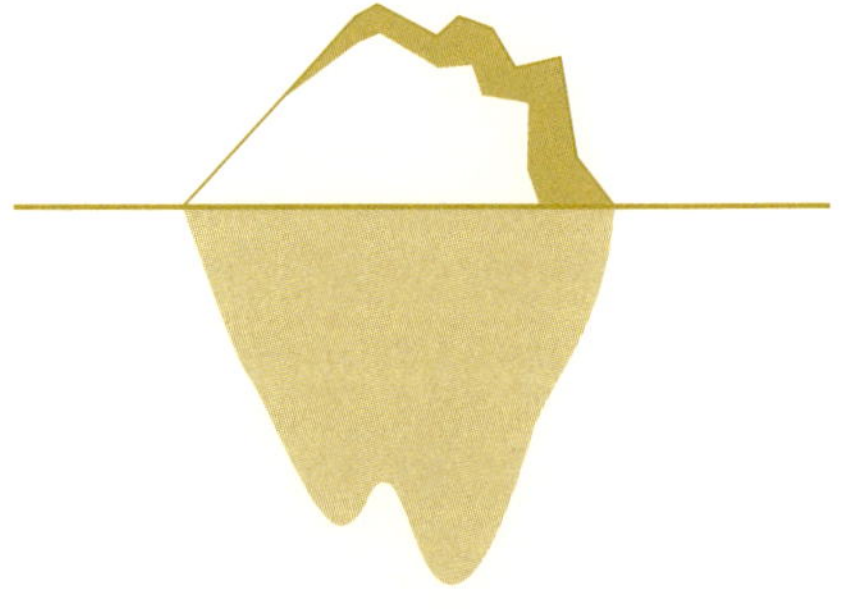

■表に見えるのは氷山の一角、本当の問題は氷の下にある

視点からも見直してみることで、**「真に解くべき問題は何か」**を探してみる作業です（図2－5）。

ラーメンを食べる体験を話してくれた彼のことを覚えていますか？　最初は、「出費の多い月を計算できなかったので、今月はお金がなくてラーメンしか食べられなかった」という問題を見つけたつもりだったのですが、深掘りして聞いてみると、「学生寮の近くに夕食の食材を買えるお店がない」という問題が見えてきました。

ほかにも、学生時代に取り上げたトピックに、「東京オリンピックを前に、海外から訪れる方の言葉の壁（Language barrier）をどう取り除くか」というものがありました。私たちのチームは「言語が通じないのが問題ではないか」と考え「アイコンでコミュニケーションがとれるTシャツをデザインしよう」というアイデアを出したのですが、正直なところ、うまく本当の問題を捉えられていなかったように思います。今から振り返ると、本当の問題とは「海外から来る人々との心の距離をどう埋めるか」だったのではないかと思っています。つまり、日本を訪れる人々と迎える側の人々が、いかにカルチャーギャップや心理的な壁を乗り越え、コミュニケーションがとれるような環境をつくれるか、より友だちになる方法や環境をつくれるか、というのが真に解くべき問題だったのではと思っています。

いまではGoogle翻訳やPOCKETALKなど、言語の壁を超えるためのツールが数多く発売されていますが、本当にコミュニケーションをとりたい相手とは、たとえカタコトの言葉でも相手の言葉を理解しようと努めるでしょう。

リフレーミングとはこのように、ユーザーインタビューなどの結果に対し、別の視点から「本当に解くべき問題を見つけてみる」ということなのです。こういったときには、できるだけバイアス（先入観）を取り除くことを意識してください。学校にしろ会社にしろ、さまざまなヒエラルキーとバイアスが存在しています。会社では多くの場合、「これが我が社の問題だ」と偉い人たちが言ったら、現場の社員たちは「問題を解決する方法を考えよう」と盲目的に従うだけです。「本当の問題は何か？」と考える時間もなければ、議論する方法ももち合わせていないからです。どんなときも、一度バイアスを取り除いて本当の問題を考えてみることは本当に重要です。

着眼点（POV）のつくり方

リフレーミングで本当の問題が見えてきたら、着眼点（Point Of View、POV）をつくりましょう。POVとは、プロジェクトのトピックを、実行可能な問題定義に変換したものです。これを行うことで、具体的にどのような問題に取り組むのかが明確になり、次に述べるするべきこと（HMW）のベースとなってくれます。HMWは次のプロセスであるアイデア出しで方向性を定め、具体的なアイデアを出す手助けとなります。d.schoolでは、「ユーザー」「ユーザーのニーズ」「インサイト」を用いた穴埋め形式でPOVをつくるフレームワークを紹介しています。これは、

[USER] needs to [USER' S NEED] because [SURPRISING INSIGHT]
「ユーザー」は「ユーザーのニーズ」をする必要があった、なぜなら「驚くようなインサイト」のためだ。

という一文にそれぞれの項目を埋めていくとPOVができあがるというもので、デザイン

思考のクラスでもよく用いられています。ここでポイントとなるのが、ＰＯＶは単に事実を述べる「だけ」ではよくない、ということです。同じくd.schoolで紹介されているＰＯＶに、以下のようなものがあります。

【悪い例】

ある10代の女性はもっと栄養価の高い食事が必要だ。なぜなら、ビタミンは健康によいからだ。

【よい例】

ある将来が不安な環境におかれた10代の女性は、健康的なものを食べているときにもっと社会的に受け入れられていると感じる必要がある。なぜなら、彼女の住む荒れた環境では、社会的なリスクのほうが健康的なリスクより高いからだ。

2つの違いを見てみましょう。前者が事実を述べている「だけ」なのに対して、後者は、「実行可能で、もしかするとできそうな、問題定義になっているので、アイデア出しにおける方向性の手助けや刺激になる」と紹介されています。ＰＯＶにおいては、特に「驚くようなインサイト」つまり私たちが想像したユーザーのストーリーがキモとなります。インタビューからインサイトが見つかるまで、インタビューを繰り返して探していきましょう。

HMWでまとめる

ユーザーのどんな体験を、私たちは手助けできるのでしょう？　問題を明確にしてアイデアプロセスに進むために、解くべき問題を「How Might We…(HMW)」の形で整理しましょう。

「How might we…」とは、「我々はどのような問題をどうするか」という文の書き出しで、「How might we improve the ticket experience for foreigners?（どうすれば外国人の切符を買う体験をよりよくできるか？）」「How might we change his ramen dinner for exciting communication?（どうすればラーメンの夕食を、楽しいコミュニケーションにできるか）」のような形で問題を明示します。これを明確にしておくことで、アイデアプロセスでの方向性や、そもそも自分たちが何を解決しているのか見失わないように、チームの目指すべき目的地として活躍してくれます。

1　HMWのサイズ

先に述べたように、私たちが解決できる問題には、適切なサイズというものがあります。「How might we stop the climate change?（どうやって気候変動を食い止めるか）」「How might we make the new ticket system?（どうやって新しい切符のシステムをつくれるか）」などのように、HMWが大きすぎると方向性も解決策もぼんやりとしてしまい、どんなアイデアが有効なのか見通しが悪くなります。

逆に「How might we improve the ticket machine's UI for foreigners?（どうやって海外の旅行者向けの切符販売機のUIを改善するか?）」としてしまうと、改善できるアイデアが切符販売機のUIに限られてしまい、アイデアに広がりが欠けてしまいます。このトピックであれば、「How might we improve the ticket experience for foreigners?（どうすれば外国人が切符を買う体験をよりよくできるか?）」とすると、さまざまなアプローチとアイデアの広がりが期待できるのではないでしょうか。

2　HMWのつくり方

d.schoolでは、次の10種類のアプローチでHMWを構築するアドバイスをしています(d.school bootleg参照)。この考え方を参考に、皆さんも素晴らしいHMWをつくることにチャレンジしてみましょう（図2－6）。

トピック：地元の国際空港における地上での体験をデザインする

着眼点：3人の子ども連れの母親が空港のゲートで数時間待っている間、子どもたちが騒いで待ちくたびれたほかの乗客をイライラさせないように、なんとか楽しませてあげる必要があります。

・**よいところを伸ばす**：私たちはどうすれば、子どもたちのエネルギーでほかの乗客を楽しませられるだろう？

・**悪いところをなくす**：私たちはどうすれば、子どもたちをほかの乗客から遠ざけられるだろう？

・**ひっくり返してみる**：私たちはどうすれば、待ち時間を旅行で最も面白い部分にできるだろう？

・**前提を問い直す**：私たちはどうすれば、空港の待ち時間をなくせるだろう？

・**形容詞を変えてみる**：私たちはどうすれば、「苦しい」（待ち時間）を「快適な」（待ち時間）に変えられるだろう？

・**ほかのリソースを使う**：私たちはどうすれば、ほかの乗客の自由な時間を活用できるか？

・**ニーズやコンテキストから連想する**：私たちはどうすれば、空港を温泉や遊び場所のようにできるだろう？

- **トピックスに着眼点を適用してみる**：私たちはどうすれば、空港を子どもたちが行きたくなる場所にできるだろう？
- **現状を変えてみる**：私たちはどうすれば、はしゃいで騒いでいる子どもたちを静かにできるだろう？
- **着眼点を分割する**：私たちはどうすれば、子どもたちを楽しませられるだろう？　私たちはどうすれば、母親を落ち着かせられるだろう？　私たちはどうすれば、遅れてきた乗客を和ませられるだろう？

3　アイデア（Ideate）
↓ブレインストーミングを通じ解決方法を探す

あなたが解くべき問題は見つかりましたか？　このプロセスでは、チームでのブレインストーミングを通じて、問題を解くためのアイデアをつくり上げていきます。これらのアイデアこそがこのプロジェクトを通じてつくり上げる、プロダクトやイノベーションの種といえるものになります。とはいえ、構える必要はありません。3人寄れば文殊の知恵、チームメ

図2-6　HMWでまとめる

チャレンジ！
地元の国際空港における地上での体験をデザインする

着眼点（POV）
3人の子ども連れの母親が空港のゲートで数時間待っている間、子どもたちが騒いで待ちくたびれたほかの乗客をイライラさせないように、なんとか楽しませてあげる必要があります。

HMW	
①よいところを伸ばす：	私たちはどうすれば、子どもたちのエネルギーでほかの乗客を楽しませられるだろう？
②悪いところをなくす：	私たちはどうすれば、子どもたちをほかの乗客から遠ざけられるだろう？
③ひっくり返してみる：	私たちはどうすれば、待ち時間を旅行で最も面白い部分にできるだろう？
④前提を問い直す：	私たちはどうすれば、空港の待ち時間をなくせるだろう？
⑤形容詞を変えてみる：	私たちはどうすれば、「苦しい」（待ち時間）を「快適な」（待ち時間）に変えられるだろう？
⑥ほかのリソースを使う：	私たちはどうすれば、ほかの乗客の自由な時間を活用できるか？
⑦ニーズやコンテキストから連想する：	私たちはどうすれば、空港を温泉や遊び場所のようにできるだろう？
⑧トピックに着眼点を適用してみる：	私たちはどうすれば、空港を子どもたちが行きたくなる場所にできるだろう？
⑨現状を変えてみる：	私たちはどうすれば、はしゃいで騒いでいる子どもたちを静かにできるだろう？
⑩着眼点を分割する：	私たちはどうすれば、子どもたちを楽しませられるだろう？ 私たちはどうすれば、母親を落ち着かせられるだろう？ 私たちはどうすれば、遅れてきた乗客を和ませられるだろう？

ンバーと、自由な発想で、まだ誰も思いついたことのないアイデアを探していきましょう。

アイデア出しのアイスブレイク

より面白いアイデアが出てくるように、準備運動としてアイスブレイクを行いましょう。d.schoolや私のワークショップで行うアクティビティーを例に、ブレインストーミングを面白くする3つの要素を紹介します。

1つ目はインプロビゼーションです。インプロビゼーションとは、ジャズなどの音楽でいう「即興演奏」、つまりアドリブのことをいいます。じっくり考えていると時間がかかるだけではなく、ブレインストーミングの流れを止めてしまいます。話を振られたら、さっと頭に浮かんだ言葉をつなげることは、スピーディーにアイデアを出しやすくします。さらに、後でお伝えする「Yes, and」を組み合わせることで、出てくるアイデアをよりポジティブな方向に向かわせることができます。

2つ目は高速プロトタイプです。プロトタイプというより、プロトタイプをする前に行う準備運動、というイメージが近いかもしれません。授業ではセロテープ、ペン、輪ゴム、ポストイット、工作用のモールなどがおいてあり、「3分でメガネをつくりましょう」「そのメガネをスーパーヒーロー用にバージョンアップしましょう」といったお題が出されます。参加者は手に取った材料を組み合わせて、とにかくそれらしいものをつくり、みんなで自慢し合います。まるで昔やった図工の時間のように、手元の材料で手を動かして何かをつくる、という体験ができることで、チーム全員が参加してつくる、ということを共有できます。

そして最後は、チャレンジするためのアクティビティーです。チャレンジとは、失敗を恐れずにアイデアを出していくことにほかなりません。d.schoolでは、「ジャジャーン」アクティビティーを使って失敗を恐れないような体験をしていました。このアクティビティーは2人ひと組になって行います。2人が交互に「1」「2」「3」「1」「2」……と言って繰り返していきます。このとき、「2」を言った人は手をたたく、「3」のときはジャンプする、といった動きを入れます。うまく動きができなかったときは、二人で「ジャジャーン」と言って面白がります。d.schoolではこれを「失敗を祝う」つまり失敗することを恐れずチャレンジしてよいんだよ、という体験をさせるために活用していました。

アイデア出しのマインドセット

このプロセスにおけるブレインストーミングは、メンバー全員でアイデアをたくさん出すのが目的です。アクティブに数多くのアイデアを出していけるように、ブレインストーミングに参加するメンバーはこれらのことを心がけていきましょう。

1 ジャッジしない
2 大胆にいこう
3 「Yes, and」
4 一度に発言できるのは一人だけ
5 トピックに集中する
6 可視化する
7 質より量

詳しく見ていきましょう。

1 ジャッジしない

どんな意見も決めつけたり、判断したりしてはいけません。誰かが「こんなのはどう?」と言ったときに「それはちょっと難しいなあ」「いい考えだとは思えない」「コストがかかりすぎるよ」といったことを口にするのは絶対にNGです。言われたほうはせっかくのアイデアを否定されたと感じ、二度と発言したくない、と思ってしまうでしょう。「いや、そんなことはない」などと口論が始まって、せっかくの時間を浪費してしまうかもしれません。それを聞いたほかのメンバーも、自分の考えをシェアするのが怖くなってしまいます。まずはアイデアを出すことに集中しましょう。

2　大胆にいこう

メルカリのバリューの一つである「大胆にいこう（Go Bold）」は、ブレインストーミングにおいてもとても大事なポイントです。既存の解決策ではなく、夢のようなアイデア、「Crazy!」「Cool!」な驚くべきアイデアを歓迎しましょう。予算や実現性、リソースなどの制約は後で考えることにして、問題の解決に役に立つなら、どんなアイデアも遠慮なく出しましょう。

「旅行の移動体験をよりよくしたい」という問題だったら、「どこでもドアをつくって目的地まで瞬間移動するのはどう？」とか、「自宅から現地まで、動く五つ星ホテルで行きたい」といったアイデアは、とても面白いと思います。

「毎日いろいろな種類の薬を間違えずに飲むのが難しい」という問題であれば、「この際、1錠でどんな病気でも治る薬をつくろう」など、突飛なアイデアもOKです。

さらに、アイデアが出揃ってきたタイミングを見計らってファシリテーターは、制約を使って刺激を与えていきます。「魔法の杖（つえ）をもっていたら」「必ずＡＩを使う」「予算として最低1億円使う」といった制約を出してあげて、参加者のアイデア出しを手助けしましょう。

3 「Yes, and」

どんなアイデアも肯定し、それを広げていくことを考えましょう。d.schoolでは「Yes, and…（いいね、さらに…）」で話を続けるアクティビティーをよく行いました。簡単なテーマでブレインストーミングをして、必ず「Yes, and（いいね、さらに）」で話をつなげていくというものです。

ここで、「Yes, but…（いいね、でも…）」と言ってしまうと、そのアイデアに判定するニュアンスが含まれてしまうため、否定的なコメントになってしまいます。もしそのアイデアに賛成できなかったとしても「いいアイデアだね！」と言って決して否定しません。ブレインストーミングの目的は、たくさんのアイデアをこの場に持ち寄ることです。できるだけ多くのアイデアを出すための前向きな議論、それがブレインストーミングです。

「Yes, and」の効果がいかに絶大かを実感していただくために、私がデザイン思考のワークショップでよくやっている「Yes, but/Yes, and」というアクティビティーを紹介します。

●「Yes, but/Yes, and」ゲーム

これは、チームで行う簡単なテーマのブレインストーミングです。次々に会話を続けていくため、「パーティーをしよう」とか「お花見をしよう」といった簡単なテーマを用います。このテーマに沿って、順番に、もしくは思いついた人が、次々にアイデアを発言していきます。深く考える必要も、時間もありません。メモをとる必要もありません。卓球のラリーのように、次々とアイデアを発言していきましょう。

最初は**「Yes, but」**から始めます。すべての発言を、**「Yes, but」から始めて**答えてください。たとえばこのような感じです。「お花見、公園でやるのはどう?」「いいね、でも…暑いよね」「そうだね、でも…屋内なら涼しいかもよ」「そうだね、でも…この時期混んでない?」「まあそうだね、でも…予約取ってみようか?」「そうだね、でも…めんどくさくない?」……こんな感じです。どうでしょう?　生産性のない会話に疲れて、次第にチームの空気がネガティブになっていきませんか?

次に、出だしを**「Yes, and」**にしてみましょう。「お花見は公園でやろう」「いいね、さらに音楽をかけるのはどう?」「いいね、それならスピーカーを持っていくね」「いいね、さらにビールを用意しよう」「いいね、それに加えてワインも持っていこう」「いいね、なら料

■Yes,andでポジティブな空間をつくる

理は持ち寄らない?」「いいね、美味しいパン屋さんが近くにあるからパンは任せて」と、どんどんアイデアが膨らんでいき、チームの会話が活性化されていくでしょう。「but」を「and」に変えるだけで、アイデアもブレインストーミングの雰囲気もまったく異なったものになることをぜひ体験してみてください。

4　一度に発言できるのは一人だけ

誰かが話しているときには、その話を遮らないようにしましょう。話に割り込んでしまうと、言いたかったポイントを聞き逃すかもしれませんし、話している人は邪魔されたと感じてしまうかもしれません。何か気になることがあっても、終わるまで待ちましょう。ほかの参加者に敬意を払うというのは基本中の基本です。

5　トピックに集中する

ブレインストーミングが盛り上がってくると、「あ、このアイデアあっちの企画にも使えそうだな」とか「この前のプロジェクトで、似たようなアイデアが出たな……」など、ほかのトピックも気になってしまうことがあります。気持ちはよくわかりますが、いまはブレインストーミングしているトピックに集中しましょう。ファシリテーターも、会話が脱線しそうになる前に方向を修正してください。ブレインストーミングは短距離走です。全員が同じ方向に向かうことが、チームのエネルギーが最大化されるのです。

6　可視化する

ブレインストーミングが盛り上がるほど、次々にアイデアが湧き出してきます。素晴らしいアイデアを見落とさないように、出てきたアイデアはどんどんポストイットに書いて、ホワイトボードなどに貼っていきましょう。発言したら、自分でポストイットに書いて貼っていけば、忘れられてしまうことはありません。

7　質より量

問題を解決するためのアイデアは、多いに越したことありません。どんな突拍子もないアイデアや、つまらないと思ったものでも、とにかく発表してみましょう。ブレインストーミングの目的は頭に浮かんだアイデアを出すことです。磨きあげるのはその後で大丈夫です（図2－7）。

これらはよくあるブレインストーミングのやり方です。しかし、私のワークショップでも、時々ブレインストーミングがまったく盛り上がらないことがあります。シャイなメン

図2-7　ブレインストーミングのアイデア出し

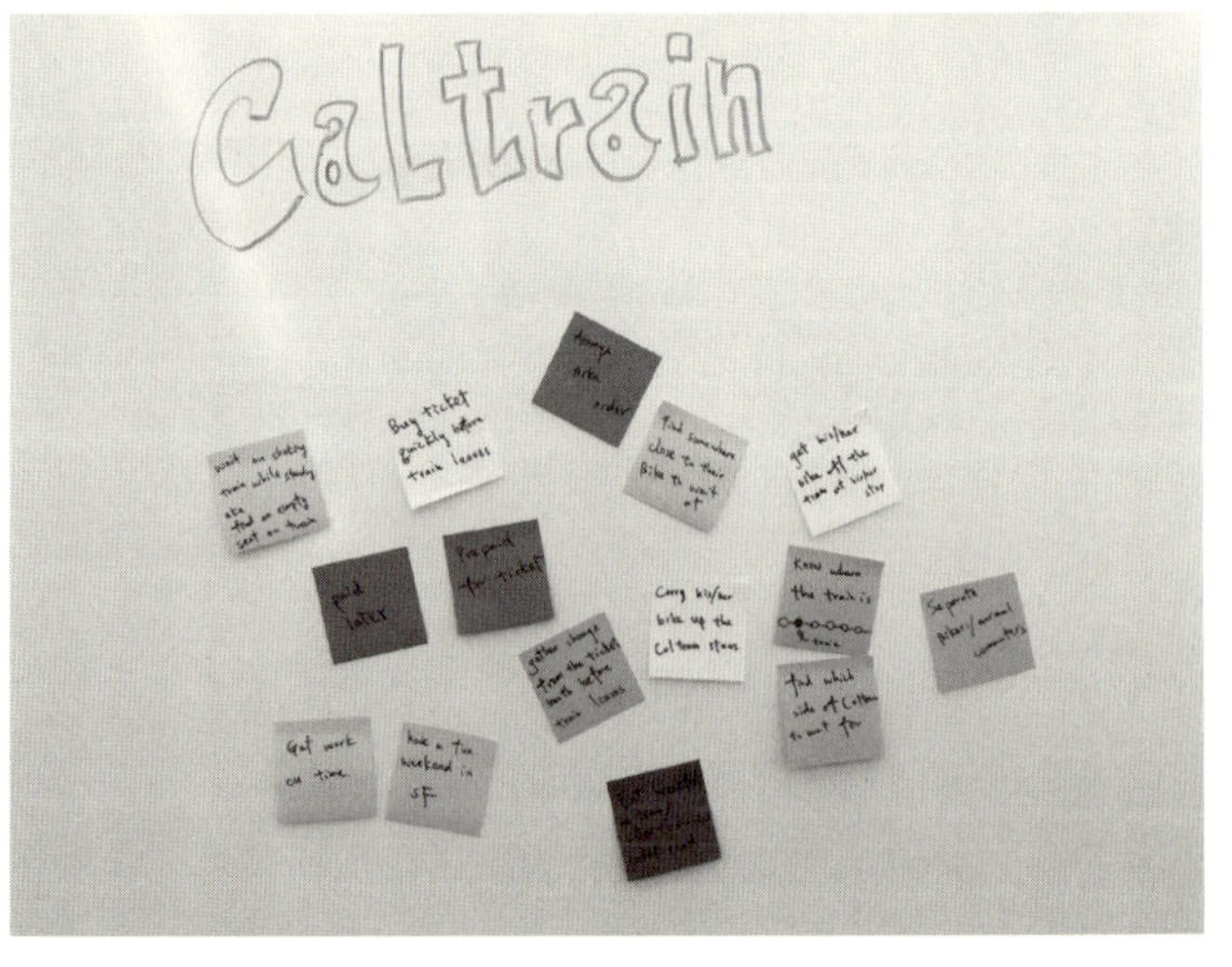

■質より量。大量のアイデアを出す

バーが集まったり、チームに予想外の偏りが出た場合は、次のような方法を試すことがあります。

シャイなグループ向けブレインストーミング

その名も「一緒だけど作業は一人で（Work together alone）」です。前述したブレインストーミングとの違いは、アイデアを考えるのは各自で行い、その後みんなでアイデアを出し合ってまとめるというところです。ブレインストーミングのときに「それではこれから各自で、5分の間にアイデアを考えて付箋に書いてください」とお願いします。チームメンバーとは同じテーブルにいますが、みんなで話し合うのでは

■一緒だけと作業は一人で

なく、自分一人で考えてアイデアを出しましょう。各自が考えたアイデアは、大きめの模造紙に貼ってもらい、チームでそれぞれのアイデアについて深掘りしていくというやり方です。もしブレインストーミングが盛り上がっていなかったりしたら、このやり方もおすすめします。

アイデアを分類して、投票する

ブレインストーミングを通じて、数多くのアイデアが出てきたと思います。いよいよプロトタイプのプロセスに進めるアイデアを決めていきましょう。チームメンバー全員と、可能であればアイデアの採否を決める人も呼んで、どのアイデアを採用するか決めていきます。基本的

図2-8　カテゴリー分け

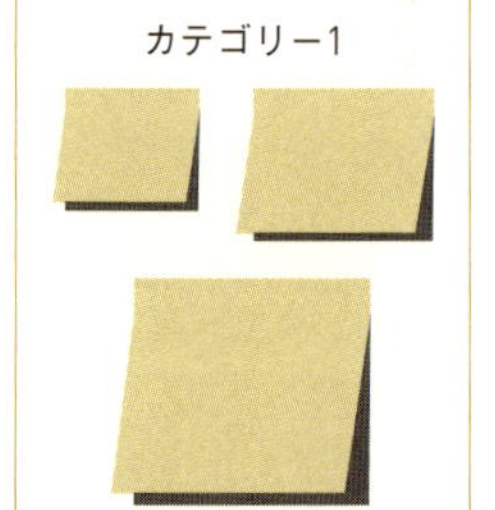

■ たくさん出たアイデアを分類する

には全員の投票で決めていくのですが、まずは出てきたアイデアを、似たアイデアやカテゴリーごとに分類します。

たとえば切符のトピックであれば、「駅の案内に関するもの」「切符の自動販売機に関連するもの」「駅で働く人に関連するもの」といったように、近いアイデアをグループごとにまとめていきます（図2－8）。

その中から、全員に投票してもらいます。私のワークショップでは、丸いシールを一人3つずつ渡して、それぞれよいと思ったアイデアに貼ってもらいます。3つのシール別々のアイデアに貼ってもらうか、一つのアイデアに3つのシール貼ってもOKとするかは、ファシリテーターの方針でやってみましょう。最終的な決定権をもつ人が参加していれば、その人には2倍や3倍のポイントをもつ特別なシールを使ってもらってもよいかもしれません。

いずれにしろ、チーム全員で出したアイデアの中から、全員で考えてよいアイデアを絞っていくのです。ここまでのプロセスを経験してきたチームであれば、結果に異を唱えたりはせず、投票の結果を受け入れることができるでしょう。投票の際は、チームで共通の投票基準をつくるか、参加者がそれぞれの投票基準に基づいて投票します。ある程度方向性が定まっているときはチームで共通の基準、多くのアイデアを検討したい場合は、各自の基準に基づいた投票がよいでしょう。私が投票のときに指針としているのは次の3点です。

①最も成功する可能性が高そう
②最もユーザーを喜ばせる可能性が高い
③最も画期的であるか

たとえば、あるアプリをダウンロードしてもらった特典としてユーザーに1万円クーポンを配るというアイデアを判断するとします。これはユーザーにとってはとてもうれしいサービスだったので②を満たしますが、プロジェクトとしては予算をオーバーしてしまい、①が達成できないように思いました。また、どこかで見たことのある施策ということは、③の観点でもあまり魅力的に見えませんでした。

このように、それぞれの投票基準をもとに、アイデアを評価していきましょう。基準は多くても3つくらいに設定したほうが混乱しなくてよいと思います。また、投票の基準に優先順位をつけるのもよいでしょう。たとえば、①市場に出したときのインパクト、②制作コスト、③顧客満足度、といった基準でもいいですし、会社であれば大事にするべき価値観やミッションが基準に含まれるのは当然だと思います。

4 プロトタイプ（Prototype）
↓アイデアを検証できる試作品をつくる

ブレインストーミングを通じ、いくつもの素晴らしいアイデアが見つかったかと思います。これらのアイデアを実際に試してもらい、フィードバックをもらうために「プロトタイプ」をつくっていきましょう。プロトタイプは「試作品」「モック」とも呼ばれます。まだユーザーに受け入れられるかわからない段階で、最初から完成品をつくる必要はありません。考えているアイデアが、我々の定義した問題の解決に役立つか、そこに焦点を絞ってテストするためのものです。見た目に凝ったり、不必要な機能まで搭載する必要はありません。

このプロセスで行うのは、アイデアのプロトタイプをつくることだけです。特別な手順や準備は必要ありませんが、プロトタイプの目的を理解した上で、できるだけスピーディーに、肝となる機能を試せる方法を考えていきましょう。

プロトタイプは焦点を絞る

デザイン思考において、プロトタイプとは、**「できるだけ少ないリソースでつくる、テストに耐えうる試作品」**を意味します。「できるだけ少ない」というのが重要で、かける時間や資金、人数などを極力小さくすることで、焦点を絞ったプロトタイプにしていきます。「5000万円かけてプロトタイプをつくろう」という話を聞いたとしたら、一体どんなプロジェクトだろう、と耳を疑ってしまうでしょう。もちろんプロジェクトや製品、チームによって与えられたリソースは異なりますが、最も大事な機能である「クリティカルファンクション」に焦点を絞り、プロトタイプはスピーディーにつくっていきます。

こんなのを使ってつくる

2013年に、メガネ型コンピューターのGoogle Glassが発表されました。この製品のプロトタイプは、たった45分でつくられたそうです。彼らはたった45分の間に、どんなプロトタイプをつくり、誰に何を試したのでしょう？

TEDトークでGoogle Xの共同創設者であるトム・チー（Tom Chi）氏が「Google Glassのラピッドプロトタイピング」について話されているので、ぜひ検索してみてください。Google Glassは映画『ミッション・インポッシブル』に出てくる秘密道具のようにクールなアイテムでしたが、プロトタイプは実にシンプルにつくられていたのがわかります。

■紙でつくった自転車のプロトタイプ

彼のTEDトークに出てくる「ラピッドプロトタイピング（高速の試作品）」はもともとハードウエアの世界でよく使われていました。今でこそRaspberry Pi（ラズベリーパイ）や3Dプリンターなど、ハードウエアの世界でもプロトタイプをつくる環境が整っていますが、以前は電気回路を組み込んだ製品の試作には多くの時間がかかっていました。そのため、段ボールや簡単な木工などを使い、動きのイメージをつかむためのラピッド（高速な）プロトタイプをつくっていたことに由来します。私もスタンフォード大学の授業で、厚紙を使ったピンボールマシンをつくったことがあります。キャンパスでは、機械工学部の学生が大きな紙でできたプロトタイプをもっている姿をよく見ることができました。

いまでは、ハードウエアでもソフトウエアでも、プロトタイプを作成するのに役立つツールがずいぶんと増えてきました。しかし、やはり身近なプロトタイプは紙とペンを使ったペーパープロトタイプではないでしょうか。私も、最初はシンプルなペーパープロトタイプから作成することがあります。

参考までにソフトウエアであれば、Adobe XDやSketch、InVisionといったデザイン用ソフトウエアや、Keynote、PowerPointなどのプレゼンテーション用ソフトウエアを使ってもよいでしょう。メンバーの環境に合わせて、チーム全員が使いやすいツールを選ぶとよいと思います。

プロトタイプは素早くつくる

ブレインストーミングと同じように、プロトタイプの制作も短距離走のように集中して素早くつくるようにしましょう。余分な時間ができると、不必要な機能や外観に注力し始めてしまい、テストで見てほしい部分がぼやけてしまいます。

スタンフォードの人気授業の一つに「ＭＥ３１０（エムイースリーテン）」というコースがあるのですが、この授業では、毎週新しいプロトタイプをつくり、翌週の教授ミーティングまでにバージョンアップしていく必要がありました。つまり、1週間の間にプロトタイプを作成し、テストを行い、フィードバックを集める必要があるということです。これを見習って、プロトタイプにかける時間は1週間としてみてはいかがでしょう。

また、プロトタイプはチームメンバー全員でつくるものだということを忘れないでください。d.schoolのモットーである**「誰もがクリエイティブになれる」**の通り、得意・不得意に関係なく、全員でプロトタイプをつくります。アプリやハードウエアで動くものをつくろうとすると、エンジニアやデザイナーに作業が集中してしまいがちです。これを避けるためにも、段ボールやガムテープなど、図工の授業で使ったようなもので、簡単にプロトタイプをつくる意味があるのです。

プロトタイプのマインドセット

プロトタイプ制作にあたって、私がいつも伝えているマインドセットは次の3つです。作成に入る前に、チームのメンバーで共有しておきましょう。

1 **プロトタイプは質問である**（Prototype are questions）

プロトタイプは、私たちのアイデアがユーザーのニーズにマッチするか、それを確かめるものです。「このアイデアはどうでしょう？ 現実にあったとして使いたいでしょうか？ あなたの役に立ちますか？」という質問を具現化したものをつくりましょう。どんな質問をユーザーにしたいのか、どんなことをユーザーから知りたいのか、それを表現することを優先してください。

ユーザーテストにおいて、プロトタイプがうまくいっているか確かめる基準は、①**ユーザーがプロトタイプからどんなことを感じるのか、②どうやって使うのか、③これがユーザーのニーズを満たすものなのか**、といった項目です（図2－9）。ユーザーがこれらの質問に答えやすい、特徴が伝わるようなものつくることを心がけましょう。

図2-9　プロトタイプを評価する基準

使える？
Is it usable?

役に立つ？
Is it useful?

■ユーザーにとって使えるのか、役に立つのか

2　プロトタイプは実演ではない（Prototype are not demos!）

ユーザーテストは、新製品の発表会ではありません。つまり、プロトタイプを商品として発売できるレベルまで引き上げる必要はないということです。たとえ上司やステークホルダーに見せるとしても、彼らに評価されるのはプロトタイプの見た目ではなく、このアイデアがユーザーのニーズを満たせるかどうか、という点なのです。

精巧なものをつくり上げる必要はありません。テストなのですから、完璧なものをつくる必要もありません。「よし、私たちはこの方向でいこう」ということがわかれば十分だということを覚えておいてください。

3 早く失敗する（Fail fast）

デザイン思考で重要な考え方の一つに「**早く失敗する（Fail fast）**」というものがあります。素早く失敗することにはいくつもの価値があります。まず早く失敗することは、それだけ早くプロダクトの弱点や欠点を発見できたということです。さらに、できるだけ早く失敗するためにはテストまで迅速にたどり着かなくてはなりません。つまり、プロトタイプ制作にかけられる時間が限られ、自然と優先順位の高いものから手をつけることができるでしょう。

作成に5000万円かけたプロトタイプが失敗したら、次にテストができるまでどれだけの期間がかかるかわかりません。もしかしたらプロジェクト自体が終了してしまうかもしれないでしょう。アイデアやプロトタイプにかけた時間・リソースが多くなればなるほど、失敗したときのダメージは大きくなります。

失敗は苦手かもしれませんが、「失敗は成功のもと」といわれる通り、デザイン思考におけるテストプロセスにおける失敗は、アイデアの一つが検証し終わったというだけなのです。

こんなプロトタイプも

プロトタイプの目的は、アイデアを検証することです。極端な話、新しいアイデアをぶつけてみて感想を聞いてみる、というプロトタイプも存在します。

たとえば、次の一文に自分たちの未来を託した人々もいるのです。

「知らない人の家に泊まりますか？（Would people stay in stranger's house?）」

そうです、Airbnbです。彼らはこのコンセプトだけを掲げ、これがアリかナシかをユーザーに問いました。これもプロトタイプです。プロトタイプの目的は、自分たちのアイデアに対してフィードバックを得ることなので、形はどんなものでもかまいません。それではこれはどうでしょうか？

「オンライン薬局にいくらまで支払いますか？（How much would people pay for online pharmacy?）」

これは２０１８年にアマゾンに買収されたオンライン薬局「PillPack」のプロトタイプです。初期段階のプロトタイプで彼らはショッピングモールにブースを出し、そこで白衣を着たスタッフが人々に「近いうちにオンラインで処方薬を買いたいか？」と聞きました。これも立派なプロトタイプです。テスト結果を受けて、アイデアの方向性を自分たちが決められるのであれば、プロトタイプは成功したと思ってください。

5 テスト（Test）
↓ユーザーテストを通じて評価する

さて、いよいよアイデアを見てもらうときがきました。テストのプロセスです。でき上がったプロトタイプを実際に体験してもらい、ユーザーからのフィードバックを得るのが目的です。私たちの考えたアイデアがユーザーの役に立つのか、受け入れられるのか、その点を確かめましょう。

判断基準を決めておく

テストに入る前に、プロトタイプの**判断基準**をチームで決めておきましょう。「どんな評価をしてもらうか」「何を成功の基準とするか」「どのくらいの評価が得られれば成功とするか」といった内容について議論をし、ユーザーの反応を可視化した後の判断基準を決めるのが目的です。このテストは、どんなアイデアが成功なのかということをチームで共有しておきましょう。失敗を恐れる必要はありません。

環境をセットアップする

テストするためのユーザーを集めます。これは共感プロセスでインタビュイーを集めたときと同じく、トピックに関わる人々を探してくるほかありません。プロトタイプを体験してもらい、感想をしっかり聞いていくためには、一人あたり1時間程度が必要でしょう。

せっかくの機会ですので、1回のユーザーテストでは複数のアイデアを体験してもらうことをおすすめします。つまり、複数のプロトタイプが完成した段階でユーザーテストを行うということです。3つくらいのプロトタイプを体験してみると、評価する側も比較し、その中で使いやすいアイデア、気に入らないアイデアなど選択しやすくなります。チームも、アイデアの方向性を決めるのに役立ちます。

ユーザーテストはプロトタイプをじっくり触ってもらうため、共感プロセスのインタビューと同じように、テスト環境に気を配りましょう。雑音の少ない環境を用意することや、インタビューする側、される側の人数を一人ずつにする、などといったことです。

コンテキストを伝える

テストに入る前には、インタビュー同様にアイスブレイクを入れることを忘れずに。これに加え、ユーザーテストではコンテキスト（文脈）の共有をすることが大事です。ここでいうコンテキストとは、プロトタイプにまつわるストーリー、つくるに至った前提の経緯です。チームが取り組んでいるトピックはどのようなもので、インタビューの結果どこに不便があり、最終的にどのような問題を解決したいと考えてアイデアにたどり着いたのか。そして、これから試すプロトタイプは、トピックのどのようなタイミングで、どのようにユーザーの前に現れるものなのか。これらの経緯を説明しておくことで、テストする側も前提がわかりますし、プロトタイプの使い道についても理解が進むはずです。

テストの前に確認しておくこと

インタビューする側は、テストの前には、「このテストの目的」と「これから話を聞くのは誰か」ということを確認し、「インタビューの相手に事前に聞くこと」「プロトタイプが出てくるコンテキスト」「プロトタイプを触ってもらった後に聞くこと」を準備しておきましょう。

これらの内容はアイデアやプロトタイプの形によってさまざまですが、どのようにフィードバックを可視化するのか、いくつのアイデアがあるのか、どのようなアイデアを試してもらうのか、によって聞くべきことを調整していきます。

ユーザーテストのポイント

ユーザーテストにおいて、主役はプロトタイプとそれを体験してくれるユーザーです。私たちは聞き役ですので、ユーザーテストの最中は次のポイントを守りましょう。

1 伝えない（Show don't tell）

ユーザーテストは、新製品の発表会ではありません。つまり、プロトタイプの魅力を直接伝えるのではなく、ユーザーが試していく中で自然とその魅力を感じることができるか、それを測るのがポイントになります。

「ぜひここを見てほしい」「この機能がすごいんです！」と言いたい気持ちはぐっとこらえ

て、すべてのプロトタイプを一通り試してもらった後に説明しましょう。あれこれ伝えず、ただ試してもらいます。

また、「誰がつくったのか伝えない」というテクニックもあります。誰しも、試した製品をつくった本人を前にしてネガティブな感想は言いにくいものです。「会社の同僚がつくったのだけど、率直な感想を聞かせてほしい」というと、正直な（そして聞きたくない）感想を聞くことができるかもしれません。

2　ユーザーのふるまいを観察する（Observing）

ユーザーテストでは、使い方を逐一説明することはせず、ユーザーから質問があったら簡潔に答える程度にしましょう。ユーザーがその製品をどう使うか、じっくりと観察します。スタートから迷うようでしたら何かが理解しづらいのかもしれません。途中の選択肢でつまずくようであれば、多くの機能を詰め込みすぎているのかもしれません。

できるだけシンプルに、やってほしい機能を試せるよう、プロトタイプをわかりやすくつくることが大事なのです。

3　ユーザーの体験を聞く（Listen to the user experience）

プロトタイプを使ってもらった後、できるだけ詳しく感想を聞いていきます。インタビューのときと同じように、どんな体験だったか、どう感じたのか。何か気になるところや、よいと思ったところはあったか。そして今ある体験と比べてどう思ったか、などといった質問をしていきましょう。

4　深く掘り下げて聞く（Digging deeper）

ユーザーの体験はそのまま聞くのではなく、ところどころで掘り下げて聞くのを忘れないでください。どこかつまずくポイントはなかったか、改善するとしたらどこからか、いくらなら使ってみたいか、どういうタイミングで出てきたら使いたくなるか。話を聞くうちに、新しいアイデアや問題のリフレーミングに対する気づきが出てくるかもしれません。皆さんのアイデアをよくするアドバイスをどんどん聞いていきましょう。

どのように評価するか

さまざまなプロトタイプがあるように、ユーザーテストの評価方法にもいろいろなパターンがあります。ポイントになるのは、プロトタイプに対する評価を可視化して、チーム全員で判断できる形にするということです。

たとえば私がサムソンで働いていたときのことです。私の所属していたイノベーションチームで、ＩｏＴモデルルームをつくりました。スマートフォンで家の鍵が開錠できるスマートロック、家のセキュリティーを守るスマートカメラ、ドアベル、テレビ、照明など、たくさんのセンサーがついたプロトタイプをつくり、ユーザーテストを通じて体験してもらったことがあります。

このプロトタイプは個別のＩｏＴ家電ではなく、これらの製品を搭載したスマートハウスというものが、人々の生活にどれだけ役立ち、なじむかを判断するのが目的でした。そのため、私たちが用意したアンケートでは、感じたことを十段階で表して評価してもらうことにしました。使うのに難しさを感じたところはあるか、それぞれの体験にどれくらい満足したか、普段の家と比較してどう思ったのか、などです。

複数のプロトタイプを試すときは、3つのプロトタイプを体験してもらった後に、ユーザーに「投資家として合計100ドルをそれぞれのアイデアに投資してください」と評価してもらったこともあります。最初に数字での評価をしてもらい、その後からそれぞれのアイデアをそのように評価した理由や、プロトタイプ自体の評価について深掘りして聞いていきました。数字を用いた評価を用いることで、評価する側も話がしやすくなる、この方法もおすすめです。

テストを終える

皆さんのプロトタイプに対し、ユーザーはどんな反応をしてくれましたか？　方向性は見えてきましたか？　集まったフィードバックをもとに、チームでプロトタイプについてレビューしていきましょう。改善するとしたらどこでしょうか？　まだ時間は残されていますか？　テストの前に決めた判断基準に対し、ユーザーの評価はどうだったでしょう？　結果次第でアイデアから考え直すときもあれば、プロトタイプをつくり直すときもあるでしょう。もしかしたら、皆さんの未来を決める大事なアイデアができ上がったのかもしれません。

この章では、デザイン思考における各プロセスを具体的に見てきました。皆さんの中でも、それぞれのプロセスにおける考え方や進め方の理解が深まってきたのではないかと思っています。次の章では、私の使っている「ツールキット」を紹介するとともに、実際のワークショップをイメージして、デザイン思考の流れを体験していきましょう。

第3章

ツールキットを使ってみよう

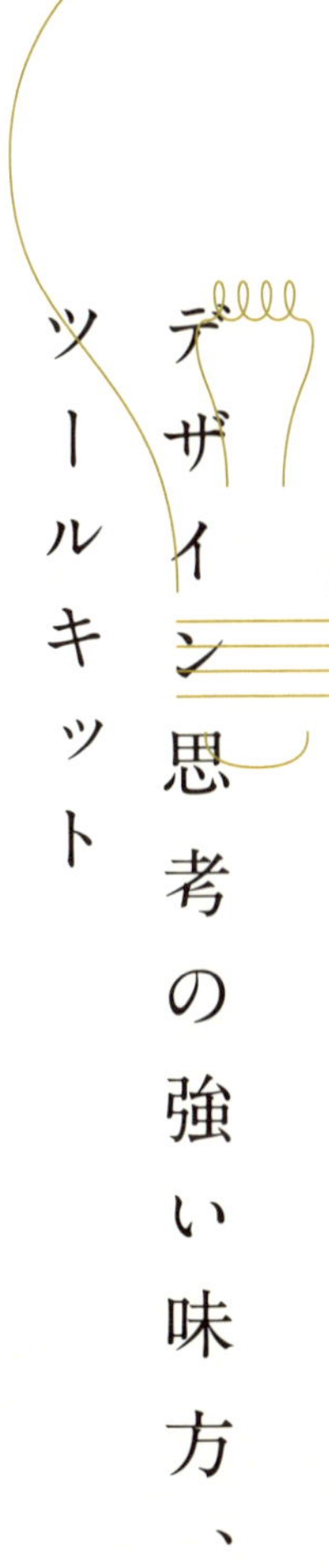

デザイン思考の強い味方、ツールキット

この章では、これまでの章で学んできたデザイン思考のプロセスについて、「ツールキット」を用いながら体験していただきたいと思います。ツールキットというのは、デザイン思考の各プロセスを進めていく際に、**考えをうまくまとめ、行うべきことを明確にして、プロセスをスムーズに進めるためのフレームワーク**です。

ツールキットは人それぞれ

ご存じのように、d.schoolは「実践をもって学ぶ」という方針をとっており、決まった教科書などがありません。その代わり、学生たちが授業で学んだ経験を生かしやすいように、講師陣は「ツールキット」と呼ばれる資料を提供してくれました。デザイン思考は考え方・マインドセットであるため、同じプロセスに対しても提供されるツールキットは講師によって異なり、各々が考えたツールキットを持っていました。

それは紙の資料であったり、カード型であったりと、使うプロセスの場面や講師によって異なっていましたが、「チーム全員が使いやすく共有しやすいもの」という観点から、紙の資料を採用している例が多かったようです。

これから皆さんにお見せするのは、私がつくったツールキットです。これを使ってデザイン思考の一連の流れを実践することで、各プロセスの流れとツールキットの効果を体験してください。そして、あなたがデザイン思考を活用していこうと思えるのであれば、ぜひ「あなた自身のツールキット」をつくってみることをおすすめします。作成には時間がかかりますが、これもまた「自分の手を動かしてつくる」というクリエイティビティーの実践になると思います。

さあ、始めよう

ここからは、私のツールキットを用いながら、デザイン思考のプロセスを再現していきます。トピックを決めるところから一つずつ、各プロセスを見ていきましょう。本書ではデザイン思考のプロセスを体験していただくために、なるべく一人で考えていただける形で記しています。実際のプロジェクトでは、チームでのブレインストーミングやプロセスを行ったり戻ったりするなど、状況に合わせて柔軟に考えるようにしてください。決して「この通りにやってみる」だけではなく、実践の中で繰り返し、デザイン思考の考え方を身に付けてください。

なお、第2章でお伝えしたデザイン思考のプロセスと、ツールキットで取り上げる内容が完全に一致しない部分があります。これは、実際に手を動かすポイントを中心にツールキットをつくっているためですので、必要に応じて、ご自身でツールキットを補足していくなど、使いやすい形にバージョンアップしていってください。また、本書のサイズの関係上、ツールキットは直接書き込む大きさにはなっていません。お手元にA4のコピー用紙などを用意いただき、各ツールキットの体裁をまねて体験していただければと思います。

チャレンジを探そう（図3－1）

いよいよデザイン思考のプロセスを開始していきましょう。はじめに、どのようなトピックにチャレンジするか決めていきましょう。最初は一人ずつでスタートします。

いきなりトピックを決めるのではなく、まずは皆さんの日常生活において変えてみたいこ

図3－1　チャレンジしたいことを決める

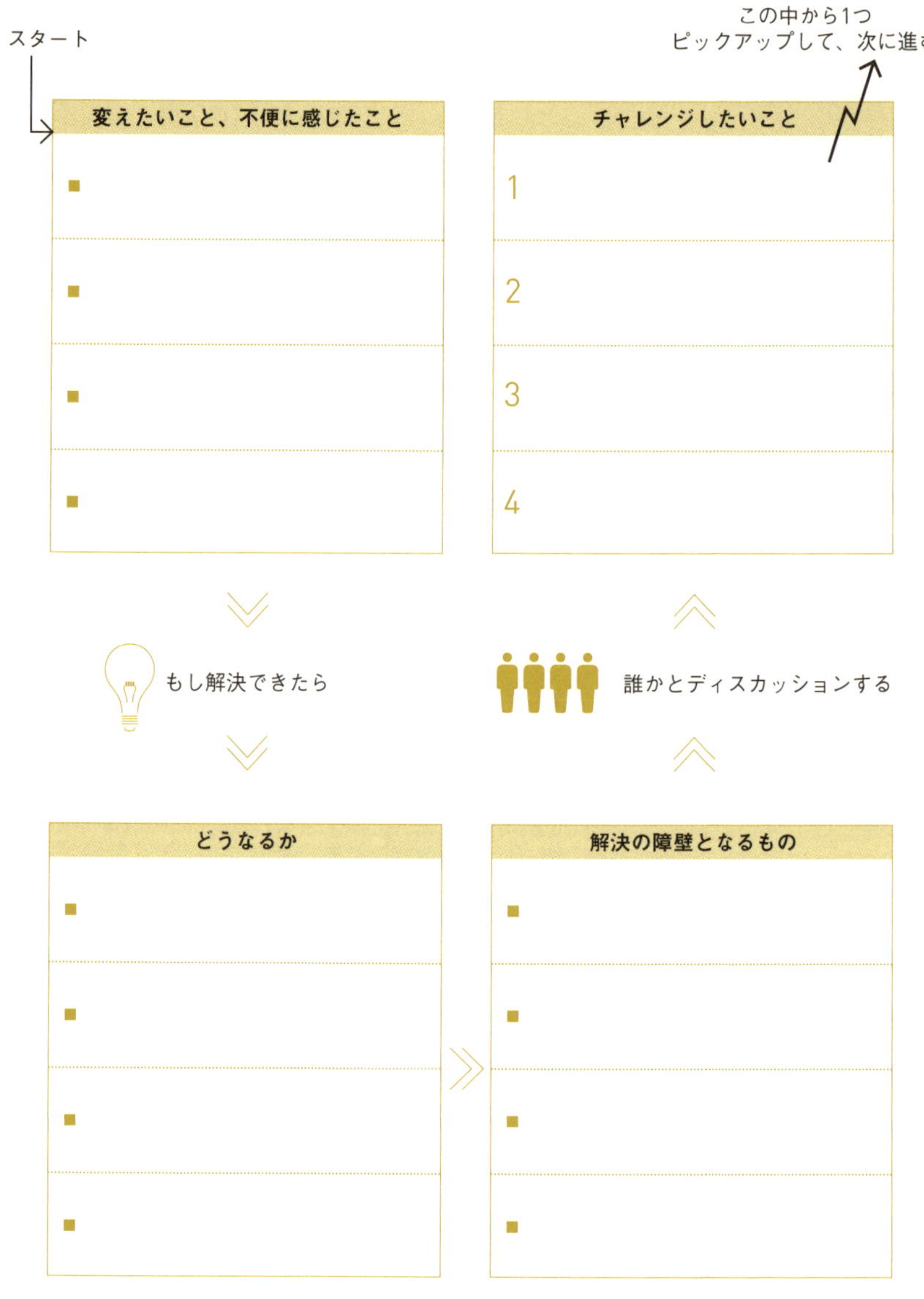

と・不便を感じることをいくつかピックアップしてみましょう。その内容をツールキットの左上、「変えたいこと・不便に感じたこと」に箇条書きで書き出してみましょう。今回は一つの例として、「宅配便の再配達が面倒」という不便を取り上げます。

不在時に宅配便が届くと、宅配ボックスがない、あっても満杯だった場合には不在票が投函されます。この荷物を受け取るには、不在票に書かれた電話番号やインターネットにアクセスして、再度配達の日時を指定して受け取る必要がありますが、この手続きを面倒だな、と感じたことはありませんか？　この問題を解決していきましょう。

さあ、左上に書いたことが変わると、皆さんの人生にはどのような変化が出てくるでしょう？　いま決めた問題を解決すると何が起きるのか、ポジティブな変化を想像して、左下にある「どうなるか」に記入してください。たとえば宅配便の再配達であれば、「再配達の連絡が不要になる」「もっと自由に家を空けられる」などといったことが起きるのではないでしょうか。

しかし、これを実現するのは簡単ではありませんよね。右下のボックスに進んで、この問題を解決する際に障壁となりそうなものを箇条書きにします。「平日の日中は会社なので不在にしている」「不在時でも受け取れる宅配ボックスがない」「宅配ボックスを設置したいがお金がない」など、いくつか書き出してみましょう。

実現に至る障害が出てきたら、友だちや知り合い、チームのメンバーに話してください。「こんなことがあって、もし解決できたらこんなによくなるのに、こんな問題があるのだよね」という具合です。

自分の考えを誰かと共有することは、とても重要です。多くの人が素晴らしいアイデアを思いつくことはあっても、それをほかの人と共有する機会は多くありません。自分の考えが否定されたり、受け入れられなかったりするのが怖いからかもしれませんが、d.schoolで私は「自分のアイデアをシェアすることを恐れるな」と教えてもらいました。友人と話し合うことで、自分の考えがほかの人にはどう映るのか、それを知ることができるのです。

ワークショップでも、このディスカッションはざっくばらんに行いましょう。たとえば、仲のよい友人と居酒屋に行って雑談するときのように、お互いの変えてみたいことを話し合ってみてください。

みんなの反応はいかがでしたか？　共感やアドバイスを得ることができたでしょうか？みんなで話している中で、自分がよいなと思った「チャレンジしたいこと」を右上にメモして、次のページに進みましょう。このリストが、自分が挑戦してみたいことのリストになります。皆さんのアイデアと一緒に、「宅配便の再配達の仕組みを変えてみたい」というのも書いておいてください。

取り組むトピックを決める（図3－2）

皆さんが挑戦したいことのリストができました。この中から、トピックとして今回のデザイン思考でチャレンジするものを一つだけ選びます。選び方は自由ですが、直感的に最も気になるものや、最初は「簡単にできそうなもの」を選んでデザイン思考のプロセスを実践してみるというのがよいかもしれません。

このツールキットのページには、デザイン思考のトピックとして選んだ「やってみたいこと」を、「誰かの体験」を「デザインする」という形に変換して記載しましょう。たとえば「会社のエレベーターを変えてみたい」「昨日食べた学食のメニューを変えてみたい」といったものであれば、「会社のエレベーターを待つ時間をデザインする」「学食のメニューを選ぶ体験をデザインする」という形です。これから我々が行うのは、何かをデザインし直して、人々の（今回は自分の）体験をよくするというチャレンジなのです。

なお、サンプルとして今回は「宅配便の再配達の仕組みを変えてみたい」という挑戦したいことから、「不在時の宅配便受け取り体験をデザインする」というトピックをつくったとして進めます。

図3-2　取り組むトピックを決める

チャレンジ !!

計画：「繰り返し」の1回目スケジュールを可視化する（図3-3）

さて、トピックが決まりました。実際にどのようなスケジュールでこのトピックに挑むか、そのための計画をつくりましょう。まずは、前のページで作成したトピックをゴールに記載します。ゴールが書けたら、そのゴールを達成するために行うことを、プロセスごとに書いていきましょう。

もちろん、デザイン思考のプロセスは行ったり戻ったりしながら繰り返し進んでいきますが、最初の1セットで必要と思う作業をできるだけ具体的にプロセスごとに考え、一覧にしておきます。「不在時の宅配便受け取り体験をデザインする」というゴールであれば、共感プロセスでは「不在票をよく受け取る人にインタビューす

図3-3　計画：「繰り返し」の1回目

共感
- ■
- ■

定義
- ■
- ■

アイデア
- ■
- ■

プロトタイプ
- ■
- ■

テスト
- ■
- ■

視覚化する

スタート　→　ゴール

第1回目の繰り返しを［　　］までに終える

る」「宅配便の配達員さんにインタビューをする」ことや、アイデアのプロセスでは「ブレインストーミングを通じてアイデアを考える」「出てきたアイデアからプロトタイプするものを選ぶ」といったような作業です。

やることリストが埋まったら、タスクをスケジュールに落とし込んでいきます。最初のプロセスを1周やり終えるまでに、どのくらいの時間がありますか？　使える時間と、その時間軸でどのプロセスにどのくらいの時間をかけていくのか、矢印の上側に書き入れていきましょう。今回、皆さんは1週間で最初のプロセスを1周終わらせることにします。インタビューやテストの時間をどのように割り振るか、バランスを考えてスケジュールを組んでみてください。

チームメンバーを見つける（図3-4）

ここでは、チームに参加するメンバーをリストアップしましょう。ファシリテーターや決定者といった役割や、各メンバーの得意分野からプロセスごとの責任者を決めて表の右側に記載しておきます。会社の業務で複数の部署が参加する場合などは、各人の目指すゴールも書いておきましょう。チームには多様性が必要なのはいうまでもありませんね。

図3-4　チームメンバーを見つける

名前	役割・責任・ゴール

今回は、あなたが自分自身のスキルを考慮した上で、好きなメンバーと多様性をもつチーム編成するとイメージし、3人の名前と役割などの特徴を記載しておきましょう。

実際のプロジェクトでは、次のステップからチームで作業を行っていきます。

体験を分析する（図3－5）

共感プロセスの第一歩として、体験の分析から始めます。これは、デザインしようとしている体験について前提となる知識や現状を確認しておくためです。1枚のツールキットをチームで共有して、各項目を埋めていきましょう。

まずは、図3－1で決めたチャレンジを一番上に書きます。続いて、チャレンジする体験のいまの状態や、あ

図3-5　共感（「人」の理解）

チャレンジ

知っていることを書く

知らないこと・知りたいことを書く

図3-6　ターゲットユーザー

■ターゲットとなるユーザーを考える

なたが知っていることを書いていきます。たとえば、宅配便の不在票にまつわる問題だとしたら、いまのシステムや、現在提供されている解決策は何かなどを記入します。ここは、ぜひ皆さんがご存じの内容を記載してみてください。

一番下の枠には、この体験について、知らないこと・知りたいことを書き出します。一日に発生する不在票の数であったり、この体験に関わっている人に聞いてみたいことであったりを想像してみましょう。たとえば、私の場合は、何日も不在が続いている家に荷物を届ける配送の人が、どんな気持ちでいるのかを知りたいと書いてみます。皆さんも、それぞれの項目について記載してみてください。

■ターゲット（図3－6）

図3-7　極端なユーザー

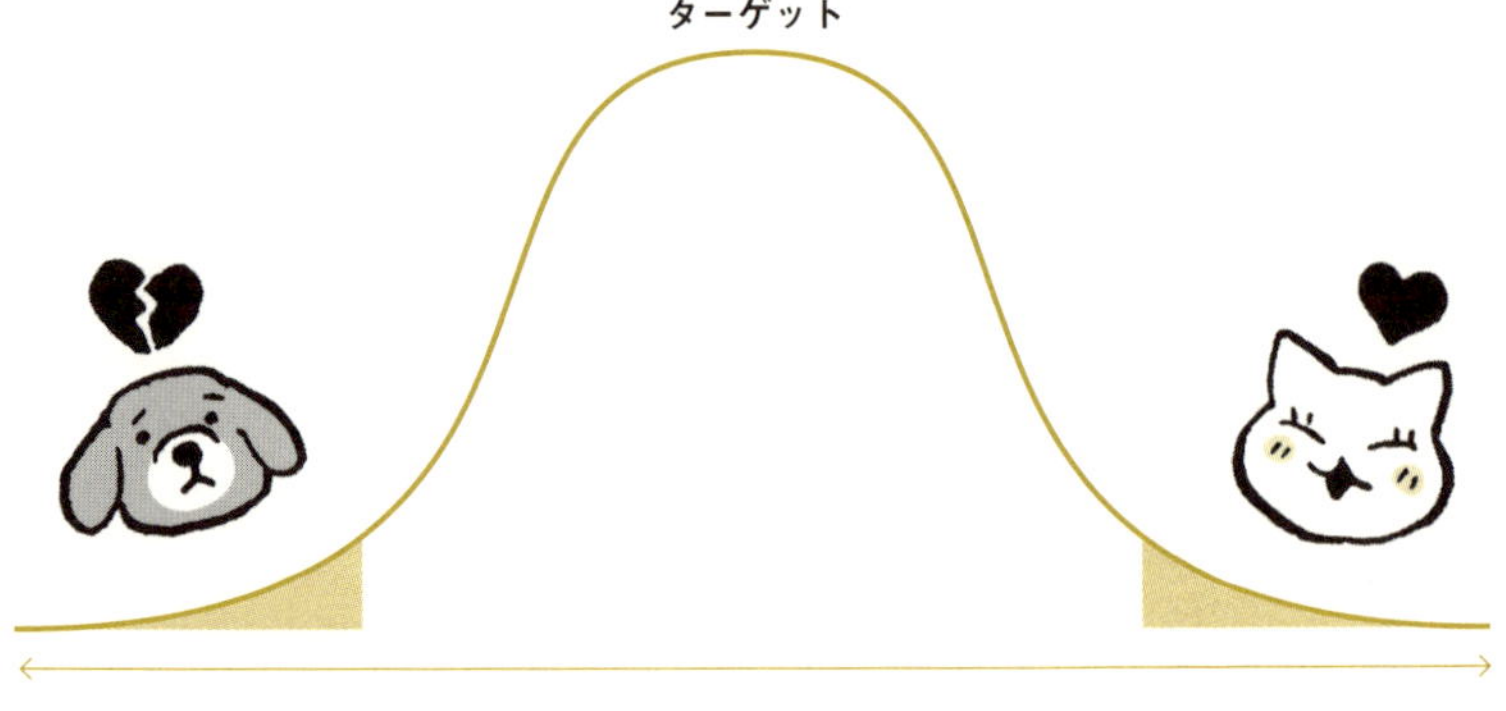

■極端なユーザーを考える

インタビューをするためのターゲットを挙げていきましょう。ターゲットとして記載するのは、チャレンジとして記載した体験に関係する人々です。

具体的な個人名や会社名ではなく、「どのような形で」体験に関係しているのかがわかる特徴を記載しておきます。今回のチャレンジである宅配便の不在票についてですと、「平日の日中は働いているサラリーマン」や「荷物を届ける宅配業者の配達員」などをターゲットユーザーと考えます。

皆さんも、どんな属性の人がターゲットユーザーになるか考えて、箇条書きで特徴を書き出しましょう。

■極端なユーザー（図3-7）

インタビューを聞く人の中でも、極端なユーザーは誰に当たるでしょう？　どのようなユーザーを極端なユーザーとしてインタビューするか考え、その特徴を書き出します。宅配便の問題では、「海外旅行に行ってしまい、荷物を受け取れない人」や、「長期不在になった荷物を管理する担当者」のように、不在の荷物に関わる時間が極端に長いユーザーの特徴を考えます。

ここでも、皆さんが考える極端なユーザーの特徴を記載しておきましょう。

タイプ別のユーザー（図3−8）

ターゲットユーザーと極端なユーザー以外にも、考えうるユーザーにはこのようなタイプもあります。これらのユーザーは、直接インタビューをするためだけではなく、彼らの存在を考慮することで、アイデアや現状の視点を広げることに役立ちます。

トピックや体験によっては、それぞれのユーザーが存在しない、または思いつかないケースもあります。しかし、いま世界はより複雑になってきており、ターゲットユーザーや極端なユーザーだけでは解決できない問題が増えてきたのも事実です。ここで紹介するタイプのユーザーについても考察しておくことが、この後のプロセスで役に立つこともあるでしょう。

それぞれのタイプにどのようなユーザーが当てはまるのか考えて、特徴を記載していきましょう。

図3-8　ユーザーのタイプ

《 ①ディセンダントユーザー

将来影響を受けるかもしれないユーザー

②アンビエントユーザー 》

周囲にいるユーザー

《 ③パラレルユーザー

対象となる体験を次に体験するユーザー

④ターミネーターユーザー 》

競合するサービスに関わるユーザー

①ディセンダントユーザー

ディセンダントユーザーとは、あるサービスやプロダクトをつくった場合、将来影響を受けるかもしれないユーザーのことをいいます。

昨年報道された、中国での自転車ゴミの例を挙げます。中国では、空気汚染の改善のためにシェアリングサイクルを大量に生産したところ、壊れやすいといった理由から人々に受け入れられず、膨大な量の自転車がゴミとなってしまいました。一つの問題を解決しようとして、別の問題を引き起こしてしまったのです。このように、皆さんがつくるサービスが大きく発展した場合に、何か別の問題を引き起こしてしまわないか、また起きるとしたらどのようなものであるかについても考慮しておきましょう。

②アンビエントユーザー

デザインしようとしているサービスやプロダクトを直接体験している人ではなく、その人の周囲にいる人々について考えましょう。たとえば「移動中に音楽を楽しむ体験をデザインする」というトピックを考えてみます。

この場合、アンビエントユーザーとは、音楽を楽しんでいるユーザー本人ではなく、その周囲にいる人々のことです。エレベーターに乗っていると、ときどきヘッドフォンから音漏れしている人がいませんか？　本人は楽しいかもしれませんが、周りの人にとって気分のよいものではありませんよね。こういった周囲のユーザーを考慮しておくと、「移動中に周りの人と共有して楽しめる音楽サービス」といったアイデアが生まれるかもしれません。

アンビエントユーザーに注目した例では、任天堂が開発した「Nintendo みまもり Switch」というアプリがあります。これはターゲットユーザーである子どもではなく、周囲のユーザーである保護者のためのアプリです。子どものプレイ時間やどんなゲームを楽しんでいるのかを把握でき、ゲームでのトラブルを防ぎながら親子の関係づくりに役立つ機能を備えています。

宅配便の問題では、どんな人々がアンビエントユーザーとして適当でしょう？　「不在だった家の隣に住む人」など、あるかもしれませんよね。

③パラレルユーザー

パラレルユーザーとは、対象となる体験を次に体験するユーザーです。たとえばAirbnbであれば、あるユーザーが泊まった家を次に利用するユーザーのことを指します。何かのサービスなどを体験するという意味では同じユーザーなのですが、そこに連続性を入れることによって、別のユーザー同士の体験と体験の間に起こる変化や動きを考慮に入れることができます。

宅配便の問題では、どんなユーザーが次に同じ体験をするでしょうか。配達という観点であれば「次に荷物を配達する家の人」であったり、担当の方という観点であれば「再配達で荷物を持ってくる配達員」であったり、このようなユーザーを考慮に入れてみてはいかがでしょう。

④ターミネーターユーザー

Uberであればタクシー、Airbnbであればホテルなどのように、考えているトピックに競合するサービスに関わるユーザーを「ターミネーターユーザー」といいます。

競合するサービスでは、トピックとした問題をどのように解決しているのでしょう？　お互いの知見を持ち寄ることで、よりよいアイデアを生み出すことができる可能性があります。

宅配便の競合サービスは一体誰でしょう？　配達するという観点では「宅配ピザの配達員」や「郵便の配達員」などが同じようなサービスを提供しています。彼らは一体、どのように不在の問題に対応しているのでしょう。

ユーザーを理解する（図3－9）

このツールキットは、インタビューを行う際に使用するシートです。一番上の四角にインタビューを聞く人（インタビュイー）の名前を記して、その下に質問のリスト、質問に対するコメントを記載していきます。インタビュイーのコメントに対して「なぜ？　もっと教えてください」と掘り下げた内容については、コメントの右側に追記する欄を設けてあります。

インタビューする人数はプロジェクトにもよりますが、最低でも3人くらいは必要です。共感プロセスでは、ユーザーの観察、自分でも体験する、そしてユーザーに聞いてみる、ということがポイントだと2章で述べました。まさにここで、共感しながらインタビューを進めていきます。

今回は、宅配便の不在についてのインタビューをしたつもりになって、ご自分の体験を記載していってください。このような質問から掘り下げてみましょう。今回は自分一人しかいませんので、恥ずかしがらずに「なぜ」と熟考して自分の本音と向き合ってみてください。

「最後に宅配便を不在で受け取れなかったのはいつですか？」

「なぜ不在にされていたのですか？」

図3-9　ユーザーを理解する
（インタビューシート：インタビュイーごとに1枚）

インタビュイーの名前

質問のリスト	ユーザーのコメント	掘り下げる
①		
②		
③		
④		
⑤		
⑥		
⑦		
⑧		
⑨		
⑩		

「不在票を見てどう思いましたか？」

「再配達はどうやって依頼しましたか？」

「なぜその方法で依頼したのですか？」

「そのときの気分はいかがでしたか？」

共有のための資料をつくる（図3-10）

ユーザーの体験をチームで共有するのには、いくつもの方法がありますが、本書では、ジャーニーマップ（Journey map）とエンパシーマップ（Empathy map）の2種類をツールキットとして紹介します。

はじめに、感情の起伏を示すジャーニーマップをつくってみましょう。これは、ユーザーが何かを体験する中で、「何をしたか」そして「そのときの感情の起伏はどうだったか」を可視化するためのツールです。そのため、ある体験において、いくつかの行動が連続して発生する場合に向いていますし、インタビューの際にインタビューイーに依頼して描いてもらったほうが間違いありません。

実際に、宅配便の例を用いて記載してみましょう。まずは一番上の枠に、時系列に沿って

図3-10　ジャーニーマップとエンパシーマップ

起きたこと・体験したことを書いていきます。「帰宅した」「ポストから不在票を見つけた」といった出来事が一通り記載できたら、その際にどのような気持ちになったかについて、ポジティブとネガティブの大きさを曲線グラフで描いていきます。これをチームで共有することで、ユーザーの行動とそのときの反応が可視化できるはずです。

もう一つは、エンパシーマップと呼ばれるツールです。これは、ユーザーの体験が一連の動作ではなく、一つの行動を中心にする場合や特定のシチュエーションで活躍するツールです。こちらは真ん中をユーザーとして、インタビューの結果からその周囲にある「発言」「行動」「考え」「感情」の4象限を埋めていきます。これをチームで行うことで、インタビューで得られた情報を整理してインサイトを探すことに役立てることができます。今回は、皆さんも不在票を受け取ったときのことを想像し、4象限を埋めてみましょう。

インサイトを見つける（図3-11）

それぞれのインタビュー結果が集まったら、インタビューの結果からインサイトを見つけましょう。チームで行っている場合は、メンバーそれぞれが行ったインタビューの結果をもとに、1枚のインサイトに集めていきます。

はじめに、インタビューの結果からペルソナとなる人物像をつくりましょう。ツールキットにある名前や年齢、職業や性別の項目をチームで埋めていきます。次に、実際のインタビューの結果から、矛盾や驚き・雰囲気の変化を感じたコメント・事実について左側にリストアップしていきましょう。

2章で述べたように、インタビューの結果は我々が聞くことができた事実です。この事実をもとに、それがどのようなどういう意味をもつのか、どのようなストーリーが裏にあるのかを話し合いましょう。チームで解釈した結果をインサイトとして右側に記入していきます。皆さんも、ご自分のインタビューで記入した事実から、仮説としてのインサイトを導きだしてみてください。たとえば「会社から疲れて帰って不在票を見ると、イラッとする」というインタビューから、「不在票が必要なはずなのに、受け取った人に喜ばれていない」というインサイトを導くなどが考えられるのではないでしょうか。

■着眼点（POV）をつくる（図3－12）

図3－9で出てきたインサイトをもとに、POVをつくってみましょう。リストアップしたインサイトから本当の問題と思えるものをピックアップし、POVフレームワークに当て

図3-11　インサイトを集める
（インタビューの結果から、チームでペルソナを定めてインサイトを考える）

ペルソナ		
	名前	趣味
	年齢	年収
	性別	家族構成
	職業	

何を見つけたか

解釈

矛盾／驚き／雰囲気の変化	どんなストーリーに気づいたか

事実

図3-12　インサイトから着眼点（POV）をつくる

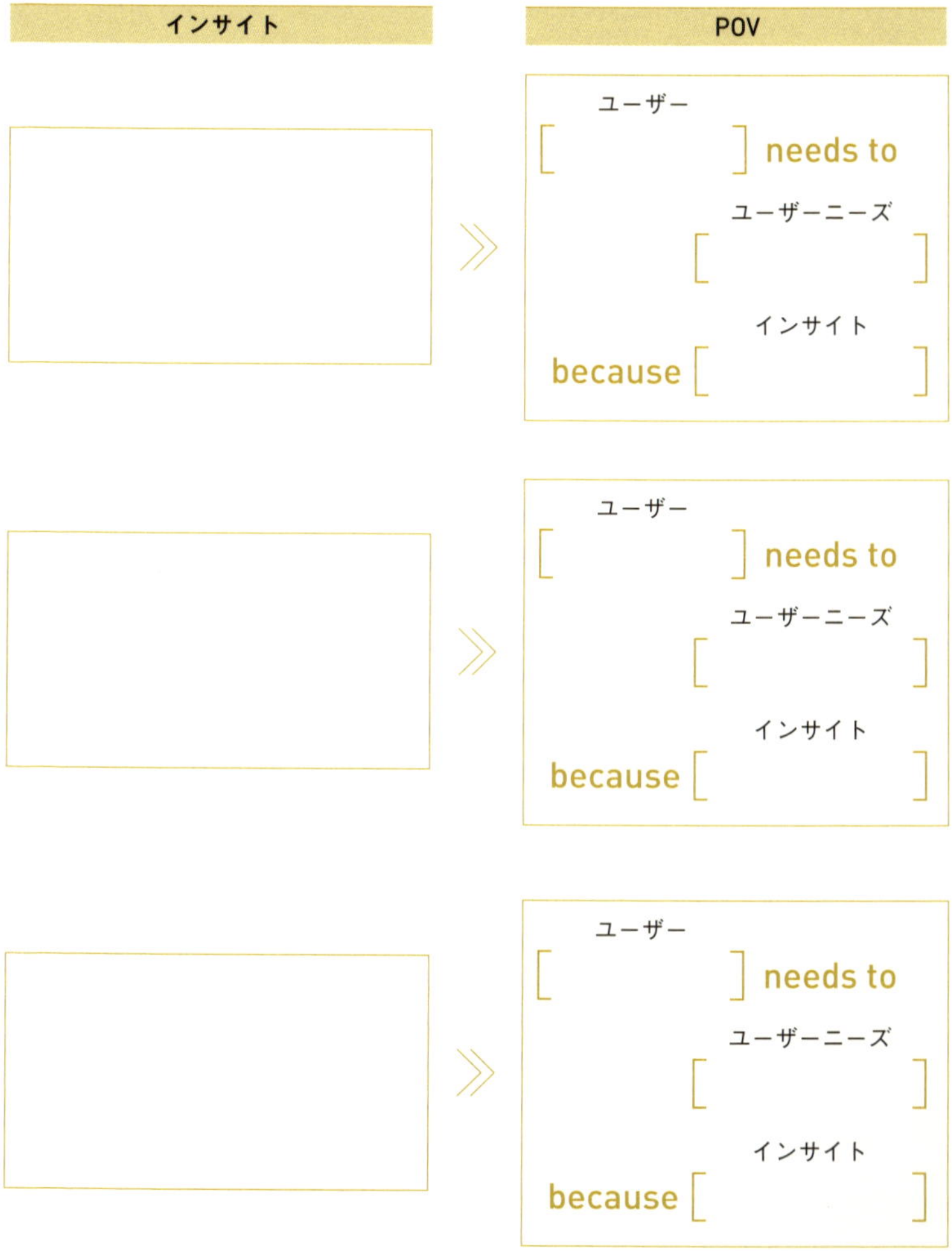

インサイト		POV
	≫	ユーザー [　　　] needs to ユーザーニーズ [　　　] インサイト because [　　　]
	≫	ユーザー [　　　] needs to ユーザーニーズ [　　　] インサイト because [　　　]
	≫	ユーザー [　　　] needs to ユーザーニーズ [　　　] インサイト because [　　　]

はめてみましょう。

POVは、複数つくってもかまいません。リフレーミングを通じて本当の問題を定義し、複数のPOVをつくっておくことは、この後のプロセスでうまくいかなかった場合のバックアップに活用できます。

するべきこと（HMW）をつくる（図3－13）

着眼点をもとに、このあとのアイデアプロセスで用いる「どうすればできるのか（How might we、HMW）」をつくっていきましょう。2章では10種類のつくり方を紹介いたしました。ツールキットにはそれぞれの考え方をリストにしています。

チームでこの作業を行っている場合は、ブレインストーミング形式でそれぞれのHMWを埋めていきます。一人の場合ですと数が多くて大変かもしれませんが、できるだけがんばってみましょう。

図3-13　するべきこと（HMW）をつくる

チャレンジ

POV

HMW
①よいところを伸ばす：
②悪いところをなくす：
③ひっくり返してみる：
④前提を問い直す：
⑤形容詞を変えてみる：
⑥ほかのリソースを使う：
⑦ニーズやコンテキストから連想する：
⑧トピックに着眼点を適用してみる：
⑨現状を変えてみる：
⑩着眼点を分割する

ブレインストーミング（図3－14）

これは、ツールキットというよりチェックリストです。ブレインストーミングに入る前に、それぞれの項目が準備できているかを確認しておきましょう。図3－13で出た問題をチームで常に確認できるように、大きめの文字で書いた紙をみんなから見える場所に貼っておきます。複数の問題がある場合は、解決策も別々に考えていくので、別の用紙に書いておきましょう。

アイデアを出す（図3－15）

ブレインストーミングを通じ、それぞれの問題に対してアイデアを出していきます。ブレインストーミングの詳細については割愛しますが、ツールキットにあるように複数の問題がある場合は、どの問題に対してのアイデアなのかがわかるように、場所を分けておきましょう。

今回は、皆さんの問題に対してアイデアを考え、ポストイットに書いて貼っていってくだ

図3-14　ブレインストーミングで準備するもの

- 場所
- チーム
- 「どうすればできるのか」の案
- 材料
- ルール

図3-15　アイデアを出す

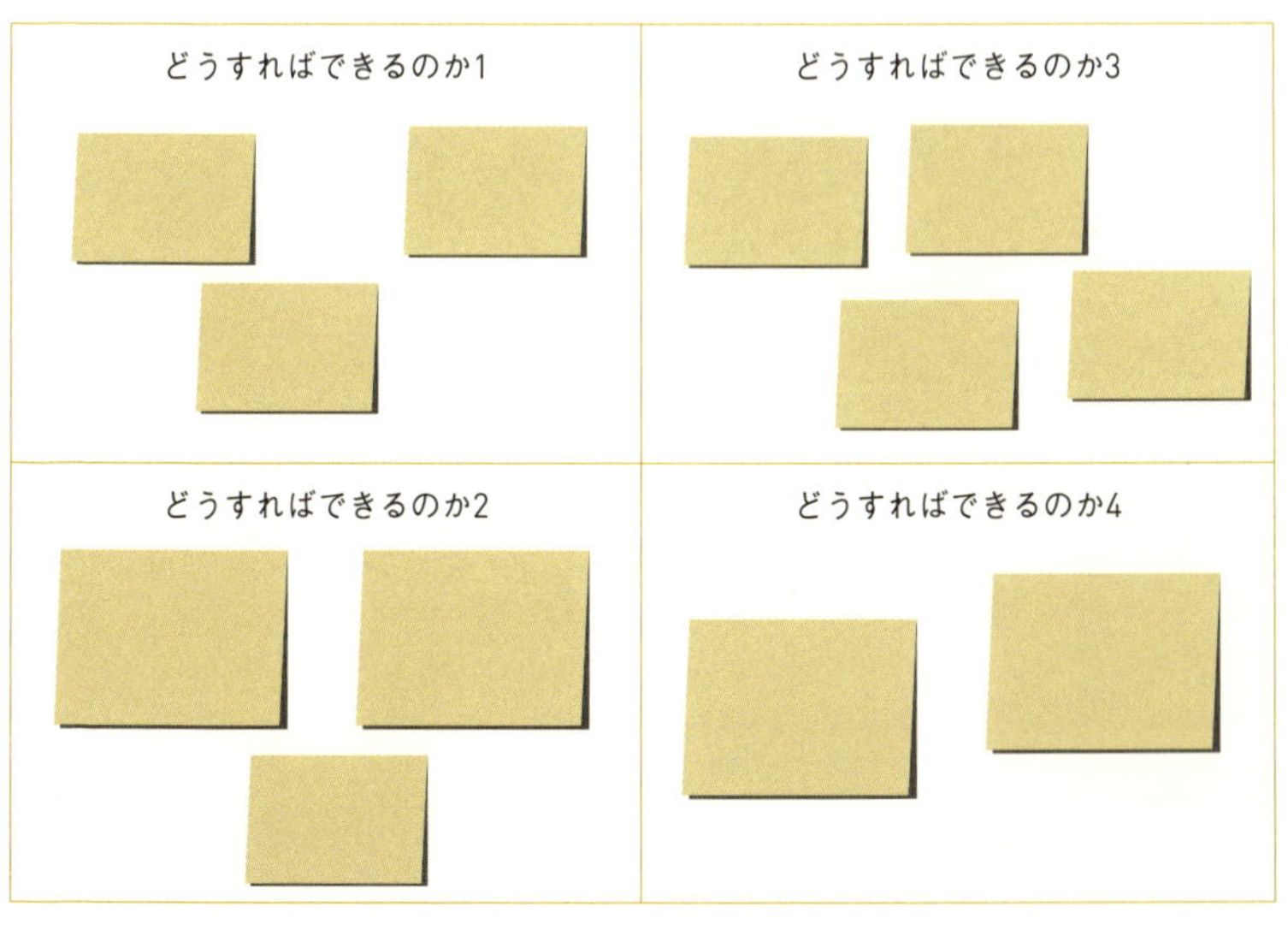

さい。アイデアは具体的、かつ簡潔に。タイマーを用意して、一つの問題について「3分間」でアイデアを出せるだけ出してください。最低10個出てくるように頭をひねりましょう。3分たったら、「予算を最低1億円使わなくてはならない」「紙を使ってはならない」といった制約を加えてみて、それぞれ1分間で考えてみましょう。

投票して選ぶ（図3-16）

ブレインストーミングで出てきたアイデアから選択して、アイデアについて分析してみましょう。

まずは、たくさん出たアイデアをカテゴリーごとに分けて、投票基準に基づいて投票を行いましょう。手順については2章をご確認いただくとして、今回は、私がいつも使っている以下の基準で投票してみてください。

①最も成功する可能性が高そう
②最もユーザーを喜ばせる可能性が高い
③最も画期的であるか

これらの基準から選ばれたアイデアについて「どんな価値があるか」「どのようなユー

ザーにフィットするか」「実現への障害は何か」という内容を言語化し、ツールキットに記載してください。これは、ポストイットに書ききれなかった部分について、アイデアをより具体的に見るためのポイントです。

宅配便の例で「宅配ボックスごと配送する」というアイデアが選ばれたとします。これを元に、チームで各ポイントを話し合っていきましょう。皆さんも、アイデアを膨らませて各項目を埋めてみてください。

「どんな価値があるか」という点では、「ユーザーが帰宅してすぐに荷物を受け取れる」ことや、「配送する人にとって常に1回の配達で済む」などが思い浮かびます。次に、「どのようなユーザーにフィットするか」についても、「玄関に宅配ボックスを置ける場所がある家に住んでいる人」としてみましょう。最後に「実現への障害は何か」という点ですが、「宅配ボックスが大きくて配送車のスペースを取りすぎる」もしくは「ロッカーごと盗まれてしまう」など、思いつく課題を書いておきましょう。

これらの項目が言語化できたら、各項目を踏まえて具体的にどのようなアイデアになるのか、コンセプトをチームで話し合います。コンセプトが固まったら、ツールキットの一番下に記入し、次のページに進みましょう。

「宅配ボックスごと配送する」から始まったアイデアは、たとえば最終的に、「宅配便と一

図3-16　チームでアイデアに投票し、具体化する

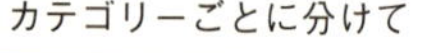

（チーム作業）

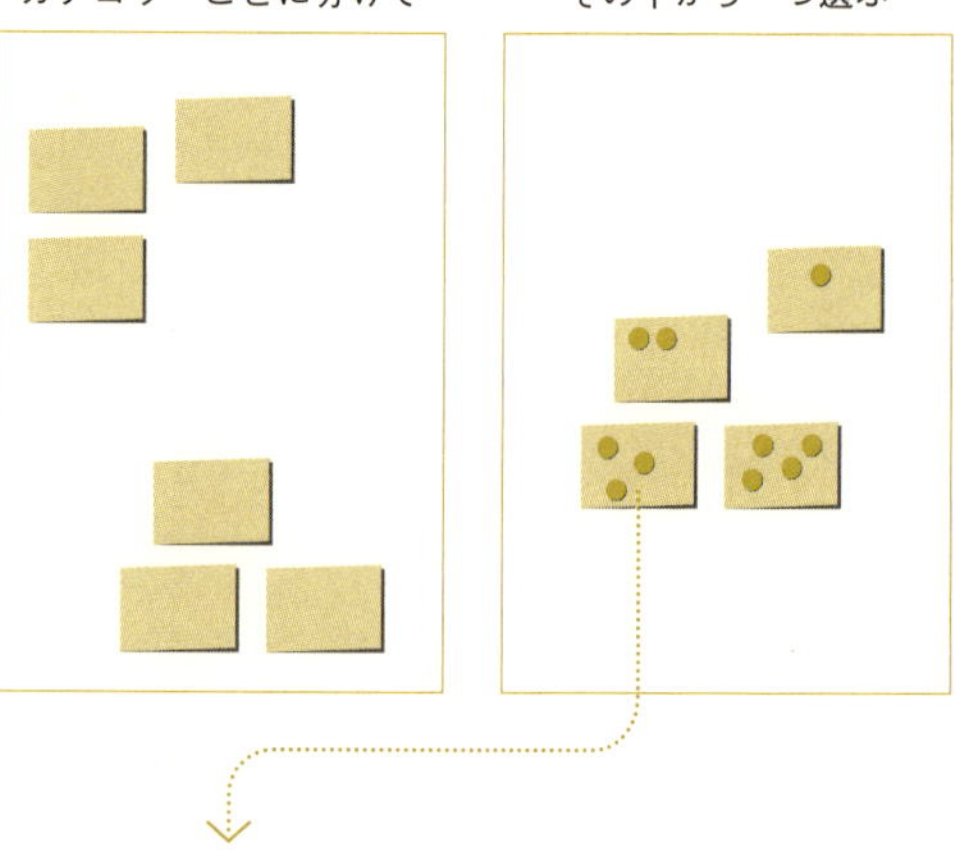

アイデアを膨らませて具体化する

どんな価値があるか

どのようなユーザーに
フィットするか

実現への障害は何か

アイデアのコンセプト

緒に折りたたみ式の宅配ボックスも運び、不在時は荷物を入れておいておく。GPSとカメラを付けて、盗難対策を行う」というアイデアコンセプトとして、次のページに進むことにします。

アイデアをチームで具体化する（図3－17）

プロトタイプをつくるために、アイデアをより具体的にチームで共有しましょう。まずは、図3－16で決めたコンセプトをツールキットの一番上に書きます。

このコンセプトをもとに、実際にどのようなイメージになるのか、チームでブレインストーミングしながらイラストを描き起こしてみましょう。絵を描くのが苦手だったとしても、ここはぜひチャレンジしてください。スケッチを共有することで、チーム全員が視覚的にアイデアを理解し、コンセプトを立体的に表現することができます。

イラストができたら、このアイデアがどのような問題を解決してくれるのか、チームで話し合って書き出してみましょう。皆さんも、ご自分のアイデアや宅配ボックスの例を用いて解決できる問題をリストアップしてみてください。

最後に、このアイデアのプロトタイプをつくる手順を考えて、「どうやってやるのか」の

図3-17　アイデアをより具体化する（チームor一人）

コンセプト

アイデアをスケッチする

どんな問題を解決するのか

どうやってやるのか
ステップ1 ■
ステップ2 ■
ステップ3 ■

項目に記載しましょう。ここではプロトタイプをつくるにあたり、どの機能を優先するのか、そのためにはどこから着手するのかといった項目を可視化するのが目的です。

「宅配便と一緒に折りたたみ式の宅配ボックスも運び、不在時は荷物を入れておいておく。GPSとカメラを付けて、盗難対策を行う」というアイデアでは、ステップ1として「配達するための宅配ボックスをつくる」「宅配ボックスの有効性をテストする」「配達ボックスをアップデートする」というように考えてみます。

プロトタイプをつくる（図3-18）

具体化できたアイデアについて、プロトタイプを制作していきましょう。ツールキットで紹介しているのは、複数のプロトタイプをつくり、完成品の写真をチームで共有している様子です。

今回は、実際にアイデアをプロトタイプとしてつくったら、どのようなものを用いてどのようなものになるかイメージし、一つスケッチしてみましょう。もちろん時間があれば、実際に手を動かしてプロトタイプをつくってみてください。

図3-18　プロトタイプをチームでシェアする

テスト（図3-19）

ユーザーテストに入る前に、質問する内容についてまとめておきましょう。ツールキットには、質問リストに「どう感じましたか？」「今のサービスと何が違うと思いますか？」などユーザーに聞いてみたいことを書いて準備しておきます。皆さんも、考えたアイデアをユーザーテストするにあたって、誰か別の人に依頼するつもりになって質問項目を挙げてみましょう。さらに、ユーザーテストに至ったコンテキストについても、簡単にまとめたメモをつくっておきます。

基本的にユーザーテストはプロトタイプをつくったメンバーがやることが多いでしょうが、チーム内での説明や質問項目が異なると、テストの結果に影響を及ぼす可能性があるので、こういったメモはチームで共有してお

図3-19　テスト

プロトタイプ：質問
①
②
③
④

ユーザーからのフィードバック

きます。

ツールキットの下半分には、プロトタイプを試してもらったユーザーからのフィードバックを記載します。感想や使い勝手、どれくらいほしいかなど、もらったアドバイスを書き記していきましょう。テストの方法や、いくつのアイデアを試すかによっては、ここに評価の数値や投資金額を記載する部分があってもよいでしょう。

ユーザーテストのまとめ（図3－20）

最後に、ユーザーテストを通じてわかったことをまとめます。左から順番に書いていきましょう。左の列にはユーザーが気に入ったところとユーザーが望むこと、つまりフィードバックで得たユーザーの反応を記載していきます。

右の列にはそれを実現するために、現在のアイデアでキープしたいもの、改善すること、そしてやめることを書いていきます。これらをまとめることで、ユーザーの反応を可視化してチームで共有できました。もし数値化した評価もあれば、併せてデータをまとめましょう。チームでの判断基準に基づいて、アイデアをどう改善するのか、もしくはこのアイデアで方向性が定まるのかについて議論し、1回目のユーザーテストを終了します。

図3-20　ユーザーテストのまとめ

ユーザーが気に入ったこと

ユーザーが望むこと

キープしたいもの

改善すること

やめること

2回目の繰り返しに進む

振り返り（図3−21）

デザイン思考の各プロセスの体験はどうだったでしょうか。各プロセスが一通り終わりましたので、ここでワークショップの振り返りをしましょう。ツールキットの最終ページにあたる振り返りシートを、10分ほどで記載してください。

チームで行っている場合は、円座に座って各自がシートの内容を読み上げていきましょう。質問や意見はいりません。全員の意見をしっかりと聞いて、心から拍手しましょう。一人の場合は、書いた内容にもう一度目を通して終わりにしましょう。

ツールキットに書いてある内容は、典型的な振り返りに用いる項目になります。本書では質問を記載していますが、皆さんのプロジェクトや形式に合わせてカスタマイズされることを前提としています。

なにより大切なことは、この経験から何を学んだか、そして「これから何をするか」ということです。グッジョブ！

図3-21　振り返りシート

チームでの振り返り
・各プロセスでやったことの振り返り
・もっとよくするにはどうしたらよいか

個人で考えてチームで共有
・今日学んだこと
・次の繰り返しでは何を変えたいか
・よりコラボレーションするにはどうするか

3章の終わりに

皆さん、お疲れさまでした。短時間でのアイデア出しやテストの質問内容を考えるなど、アイデアの短距離走を体験していただけたのではないかと思います。

チームで行う実際のプロジェクトとは異なる部分もありましたが、基本的なデザイン思考の流れは体験いただいた内容と通じるものがあります。特に各プロセスとツールキットを用いた考え方について、少しでも得るものがあれば幸いです。

次の章では、ファシリテーションのスキルについて紹介したいと思います。2章でも述べたように、うまいファシリテーターには知識と経験が必要になります。一人でも多くの方がデザイン思考のファシリテーターとしてプロジェクトを活性化できるように、ファシリテーターを目指す人も、そうでない人も、ぜひご覧いただき、よりよいアイデアが出せるようにしていきましょう。

第4章

チームを活性化させるファシリテーション

アクティビティーで盛り上げる

デザイン思考のプロセスは、その多くがチームによるブレインストーミングで進んでいきます。2章でふれたように、ブレインストーミングがどれだけ盛り上がるかはファシリテーターによって大きく左右されます。そして、よいファシリテーターになるには、経験と知識の両方が必要になることもお伝えしました。

この章では、ファシリテーターに挑戦される皆さんのお役に立つようなポイントをまとめてご紹介します。まずは、私がブレインストーミングやアイデア出しなど、チーム作業の前に行うアイスブレイクとして使っているアクティビティーから始めましょう。いずれも簡単なゲームですが、初対面の人たちが打ち解けるためのアクティビティー、会社や学校などですでに知っている人たちの結びつきを強くするためのアクティビティーという観点で選びました。いずれのゲームも、このあとに続くチーム作業に全員が積極的に参加し、発言が活性化されるために行うものなので、アクティビティーの中で勝敗をつけて賞品を用意する必要はありません。

これらのアクティビティーをまずは自分自身で体験してみてください。文字とイラストだけでは、伝わりにくい部分がありますので、実践を通じて学んで（Learning by doing）いただければと思います。ぜひ、ご家族や友人と時間をとって挑戦してください。実際にアクティビティーを行う際にも、言葉だけで伝えるのではなく、ファシリテーターが最初にやって見せてあげると、参加者が理解しやすくなるでしょう。

ツールキットと同じように、d.school のスタッフもそれぞれのアクティビティーを持っていました。皆さんも、いずれはこういったアクティビティーを自分自身で考えて、つくってみてください。あなたのオリジナリティーあふれるアクティビティーで、参加者の創造力を解き放ちましょう。

アクティビティー１「あなたはだあれ？」

目的：初対面の人と打ち解ける
人数：４人以上のチーム（参加者が偶数となるように）

やり方

「これから皆さんには、私の出すお題に沿って会話を行ってもらいます。まずは、立ち上がって部屋の中を好きに歩いてください。私がストップ！　と言ったら近くの方とペアを組んでください。お題をお伝えしますので、なるべく面白い会話をしてみましょう。毎回ペアを組む人は変えるようにしてください」

①全員で立ち上がり、部屋の中を自由に歩き回ります。

②ファシリテーターが「ストップ！」と言ったら立ち止まり、一番近くにいる人とペアを組みます。

③続けてファシリテーターが「幼なじみと久しぶりに会いました」などのキャラクター設定を伝えるので、幼なじみ同士になりきって2人で会話をします。「わ～、すごい久しぶり～どうした？　元気？」といった感じです。

④2～3分の時間でなりきり会話をしたら、ファシリテーターの合図でペアの人と別れ、再び歩き回ります。

⑤以上の流れを3回ほどやって、自分の席に戻ります。

⑥全員が席に戻ったら、どのような面白い会話ができたのか、簡単に紹介してもらいましょう。「彼は幼なじみの～」とお題のままでペアの相手を紹介してもらうと、より盛り上

がります。

ペアを変えながら会話を3回くらい行うと、ほとんどのチームメンバーと会話をすることができます。このアクティビティーを行うことで、初対面のメンバーも楽しい雰囲気の中で打ち解け、話しやすくなります。デザイン思考のプロセスは、人と話すことが中心になるので、お互いの心の距離を縮めることは大切です。

ファシリテーターが出す「お題」は、「大学のときの同級生」や、「芸能人」「以前の職場の同僚」など、さまざまに設定することができるでしょう。

■「あなたはだあれ？」

アクティビティー2「ハロー○○！」

目的：初対面の人と打ち解ける

■「ハロー○○！」

人数：6人以上（全員で一つの円をつくれる人数）

やり方

「これから皆さんには、自己紹介をしていただきます。まずは、全員で一つの円をつくりましょう。私から順番に、自分の名前と、簡単なジェスチャーをしていきます。ほかのメンバーは、『ハロー○○』とその人の名前を呼んで、ジェスチャーもまねてください」

①参加メンバー全員で円をつくります。ファシリテーターも輪に入りましょう。

②時計回りで一人ずつ、「自分の名前」と「簡単なジェスチャー」を言っていきます。全員に聞こえるように大きな声で！

③それを聞いたほかのメンバーは「ハロー○○（その人の名前）！」と言いながら、ジェスチャーをまねてみます。

④全員が自己紹介をして、円を1周したら終わります。

これは、自己紹介代わりのアクティビティーです。ジェスチャーは腕を突き上げるとか、手でハートマークをつくるとか、高くジャンプするといった、わかりやすい、簡単なものにしましょう。似たようなジェスチャーが出てもかまいませんし、まねできなくても心配することはありません。あまり深く考えず、テンポよく進めます。同じ動作をまねすることで親近感や安心感が生まれ、心理学でいう「ミラーリング効果」も期待できると思います。

アクティビティー3「アルファベットで数珠つなぎ」

目的：すでに知っている人同士の絆が深まる
人数：15人〜30人くらいまで（大人数の場合は、グループを分けましょう）
やり方
「まずは、全員で一つの円をつくりましょう。全員で、アルファベットを『A』から順番に言っていくアクティビティーですが、アルファベットを言えるのは一度に一人だけです。誰が言ってもかまいませんが、同じ人が連続で言い続けるのはいけませんよ。もし2人以上が同時にアルファベットを言ったら、Aからやり直しです」

■「アルファベットで数珠つなぎ」

①全員で立って円をつくります。ファシリテーターは入りません。

②順番を決めず、誰かが「A」と言ったら、別の誰かが「B」と続けます。その次にはまた別の誰かが「C」「D」「E」……と続けていきます。

③このとき、もし同じタイミングで2人以上がアルファベットを言ってしまったら、失敗です。全員で「ジャジャーン」と言って、チャレンジを称賛しましょう。

④今度は最初に「A」と言った人ではなく、別の誰かから「A」を始めます。

⑤重複することなく「Z」までいけたら終了です。

周りをよく見渡して、自分がどこで出るかタイミングを見計らう必要があります。みんなで集中してこのアクティビティーに取り組むので、非常に密度の濃い時間になります。たとえ失敗しても、挑戦をみんなでほめ合うことで、ブレインストーミングにおいても失敗を恐れないような雰囲気をつくることができます。

人数によっては、AからZまでたどり着くのは難しいかもしれません。そのときは数字の1から10までに変更するなど、アレンジしてみてもよいでしょう。

アクティビティー4「サウンドボール」

目的：すでに知っている人同士の絆が深まる

人数：3人以上（全員で一つの円をつくれる人数）

やり方

「まずは、全員で一つの円をつくりましょう。これから私が、目の前に空気でできたボールをイメージして、どなたかにパスします。パスを受けた方も同じように、そのボールをほかの方にパスしてください。パスする際、あなたのイメージする音を加えましょう」

①全員で立って円になります。ファシリテーターも加わります。

②ファシリテーターから始めましょう。自分の前に空気の玉をつくるように、手で空気のボールを持ちます。ゴルフボールのように小さいものでも、ヨガで使うボールのように大き

なものでもかまいません。参加者全員が意識できるようにサイズを表現しましょう。

③そのボールを「フォ〜〜〜〜！」「ギュ―――――ン」などの効果音を叫びながら、円に加わっている誰かに投げます。

④ボールを受け取った人は、また別の誰かに「ヒャ――――――」などと言いながら投げます。

すごく簡単なアクティビティーです。恥ずかしがらず、自分だけの音をイメージして、大声で表現してみましょう。特に終了のタイミングなどはありませんが、参加者が盛り上がってきたと思ったらファシリテーターが終了の合図を出しましょう。

■「サウンドボール」

アクティビティー5「カウンティングダウン」

目的：チームの気分転換

人数：複数人のチーム

やり方

「少し気分転換しましょうか。全員で立って、体を使いながら一緒に数字を数えていきましょう。最初は1（ワン）から8（エイト）までを右手、左手、右足、左足の順番に数え、終わったら右手に戻って今度は1から7まで一つ減らして数えていきます」

①全員で立ちます。

②全員で手を顔の前まで上げて、右手の指を折りながら（右手を上げるなど、動きがあればOK）「ワン、ツー、スリー、フォー、ファイブ、シックス、セブン、エイト」と数を数えます。

③続けて、左手も同じように「ワン、ツー、スリー、フォー、ファイブ、シックス、セブン、エイト」と数えていきます。途中で数え間違ったりしても、気にせず進めていきます。

④次に、右足を踏み鳴らしながら、同様に数を数えます。

■「カウンティングダウン」

⑤左足でも同様に数を数えて、これで1セットです。

⑥右手に戻って、「ワン、ツー、スリー、フォー、ファイブ、シックス、セブン」と数を一つ減らして数えていきます。1になるまで数え終わったら終了です。

ブレインストーミングが煮詰まったときや、チームの雰囲気が重くなってきたときに用いる、気分転換のためのアクティビティーです。最初は手探りで始まりますが、数が減ってくるにつれ、スピードが上がってダンスのように盛り上がってきます。最後は、「ワン（右手）、ワン（左手）、ワン（右足）、ワン（左足）」と、テンポよく行いましょう。全員で体を使ったアクティビティーに集中することで、新しい発見やアイデアを生み出すためにリセットするのです。

アクティビティー6「I am a tree」

目的：アイデア出しの前に想像力を働かせる
人数：6人以上（全員で一つの円をつくれる人数）

やり方

「ファシリテーターを中心に、全員で一つの円をつくりましょう。これから私が、木になります。その周りにある『何か』がイメージできた方から、その『何か』になってください。2つの新しいアイデアが出て3人の『何か』になったら、最後に加わった一人を残して2人は円の外に出る、を繰り返します」

①全員が円になり立ちます。

②ファシリテーターが円の中心に立ち、「私は木です」と言って、腕を横に広げて木のポーズをします。

③参加者は木の周りにある「何か」を想像し、それになったつもりで木の周りに集まります。たとえば「私は鳥です」と言って、腕を羽ばたかせながら木のそばにやってきます。

④その次の参加者もまた、木の周りにある「何か」を想像し、それになったつもりで木の

■「I am a tree」

周りに集まります。前の「何か」に関係するものでもかまいません。たとえば木と鳥に加えて、「私は草です」と言ってイメージに加わりましょう。この時点でアイデアの参加者が3人になったので、最後に加わった方を除き、最初の2人は円の外に出ます。ここでは、木と鳥の役の人が円の外に出て、草だけが残ります。

⑤残った人のイメージをもとに、別の参加者が「何か」を想像し、再びイメージを膨らませていきます。たとえば、「私はライオンで草の上にいます」と言って円に飛び込みます。

⑥参加者が1回ずつアイデアに加わったら、アクティビティーは終了です。1本の木から始まったブレインストーミングは、最終的にどのようなものに成長しているでしょう。

d.schoolでもおなじみの、何か前提条件がある中でアイデアを重ねていくアクティビティーです。参加者が自由に想像力を働かせて、何かになりきることでアイデアを表現していきます。実際のプロセスでも、他人のアイデアに何かをプラスする、自由に発想を広げていくことが重要です。このアクティビティーを通じて大胆なアイデア、クレイジーなアイデアがより出てくるように盛り上げましょう。

アクティビティー7「想像しよう！」

目的：ブレインストーミングの休憩後など、議論再開のきっかけに

人数：複数人

やり方

「ディスカッションを再開する前に、気持ちを落ち着けて想像力を取り戻しましょう。目を閉じて、これからお伝えする状況を想像してください。聞こえてきた音を、声に出して表現してみましょう」

①全員で目を閉じて座ります。

②ファシリテーターが、何らかのイメージを伝えます。自然や都会など、場所にまつわるものを表現力豊かに伝えてください。たとえば「自分たちはいま、緑が美しい渓谷にある川

■「想像しよう！」

のほとりにいる」としましょう。

③参加者は、与えられたイメージを想像してください。どんな景色を見ているのか、どんな香りがするのか、そしてどんな音が聞こえてくるのか。イメージが固まったら目を開けて、そこで聞こえてきた音を声で表現します。静かに川が流れる「サーーー」という音もあれば、どこからか聞こえた鳥の「ピピピ……」という声もあるでしょう。

④全員が何らかの音を表現して、チームの雰囲気が落ち着いたら終了です。

お題をもとに想像力を働かせ、声に出して共有し、みんなで一つのものをつくり上げる。これはブレインストーミングのときのアイデアやプロトタイプも同じです。各自のオリジナリティーを発揮しつつ、全員のアイデアを取り入れて完成させる。簡単なものを想像することを通じて落ち着いた空間がつくれたら、ディスカッションを再開しましょう。

アクティビティー8「マシュマロタワー」

目的：「早く失敗する」大切さを体験する

人数：6人以上（3～4人ずつのチーム分けを行います）

やり方

「これから各チームで塔をつくり、高さを競いましょう。塔をつくるにあたっては、必ず塔のてっぺんにマシュマロを据えてください。材料は机にお配りしたものだけを使ってつくります。タイマーがなった時点で、一番高いタワーをつくったチームが優勝です」

①3～4人で一つのチームになるようにチーム分けをして座ります。

②ファシリテーターは各チームに乾燥パスタ数十本、マスキングテープ、50センチくらいのひもを10本ほど、マシュマロ一つ、ハサミ一つを配布します。

③各チームは制限時間内に、これらの材料だけを使って自立する、できるだけ高いタワーをつくります。時間は10分から15分くらいが適当です。

④作成途中でタワーが崩壊してもやり直せますが、制限時間が経過した時点で最も高いタ

■「マシュマロタワー」

ワーをつくったチームが優勝です。

⑤多くのチームが参加している場合は、優勝チームにコツを聞いてみましょう。また、各チームで、自分たちのタワー制作についてよかった点や次にどうすればもっと高くできるか、振り返ってもらいます。

これはとても有名なアクティビティーで、チーム全員で協力して一つのものをつくる姿勢を育むときに行われます。チームによって全員で手を動かしたり、塔の設計者やパスタを連結する人などの役割を分けたりするなど、チームごとの作戦が大きく異なっているのが面白いところです。

デザイン思考では、このアクティビティーをプロトタイプ制作の大事なマインドセットである「早く失敗する」ことを体感するために用います。パスタの柱はとても折れやすく、マシュマロの重さに耐えきれず崩壊してしまうチームが多発するでしょう。しかし、短い時間で何度も失敗をして、少しずつ塔を改善していくことを体験することで、失敗を恐れずどんどんチャレンジする、という考え方をチームで共有することができるようになります。

参加者に伝えたいこと

アクティビティーはいかがだったでしょう？　これらの目的は、単なる自己紹介や体を動かす気分転換ではなく、チームの一体感やアイデアを重ねていくといった、その後のデザイン思考プロセスを少しずつ体験していくことにもあります。ここでは、デザイン思考のマインドセットから、全体を通じたエッセンスを挙げていきます。アクティビティーの前後に伝えることで、よりアクティビティーを通じた経験が言語化され、理解が深まると思います。

1　**創造力を解き放て**
2　**好奇心をもて**
3　**オープンマインドで**
4　**曖昧さを受け入れる**

1　創造力を解き放て

デザイン思考を理解するだけではなく、何か新しいことにチャレンジするには、創造力が欠かせません。ＩＤＥＯのデイビッド・ケリーも言うように、「どんな人もクリエイティビティーをもっている」のです。クリエイティビティーは生まれもった才能ではなく、教育によってさらに伸ばすことができます。私の経験からも、たとえば次のようなポイントが創造力を鍛えるよい影響があったように思います。

・快適な場所から飛び出す

この本の1章で、私がスタンフォード大学で受けた「デザイン思考ブートキャンプ」のことを述べました。初回の授業から「とにかくやってみる」ことを促され、いままでやったことのないインタビューに挑戦したあの経験は、まさに「快適な空間から飛び出す（飛び出させられた）」ことであったと思います。

・コントロールを失うことを恐れるな

チャレンジするときは、大胆にいきましょう。時にコントロールを失い、不安定な状況に陥るかもしれませんが、安全な道を選んでいるだけでは結果も限られてしまいます。

・批判を恐れるな

いまの時代は何かあるとすぐにインターネットにさらされ、炎上・批判されやすくなりました。そして人は、批判されると自信を失ってしまいます。日々の生活の中でも「それ、変じゃない？」と指摘することは、その人の自信を緩やかに失わせていきます。自分でも誰かにそういう発言をしないように気をつけるとともに、自分に自信をもちましょう。ネガティブなことに耳を貸す必要はありません。

・失敗は一つのプロセス

失敗は成功に向かうプロセスのほんの一部分です。失敗したらすべてを失うわけではありませんし、失敗からわかることはたくさんあります。よくいわれることですが「失敗は成功のもと」というのはその通りだと思います。

・別の視点からものを見る

うまくいかなかったときは、同じ方向からだけではなく、どうすればうまくいくのか、という視点を複数探してみるようにしましょう。いろいろなアイデアを何度も試すことで、一番よいアイデアにたどり着くことができます。

2　好奇心をもて

「共感」のプロセスでも出てきた、好奇心の大切さです。私たちはターゲットとするユーザーをできるだけ深く理解する必要があります。

ここでお伝えする好奇心とは相手に対する興味だけではなく、「わかったふり」「知ったかぶりをしない」ということです。ユーザーインタビューでインタビュイーから知らない単語や事柄が出てきても、思わず知っているふりをしてしまったことはありませんか？「知っている人」を演じるのではなく、「それは知りませんでした。もっと教えてください」と伝えることが、インタビュイーから話を引き出すきっかけになります。

もし、すでに知っていたとしても「それ、私も知っています。どこがよいと思いましたか？」と好奇心をあらわにすることで、さらに深い共感を示すことができるでしょう。

そして「何でもググらない」こと。相手から見えないからと、検索するのはご法度です。何か好奇心をもつ単語や興味のあることがあったらGoogleに尋ねるのではなく、目の前にいる人に聞きましょう。ユーザーの体験や感想が一番の情報です。

3　オープンマインドで

ブレインストーミングやアイデア出しはもちろん、デザイン思考のすべてのプロセスにおいて、自分自身の先入観やヒエラルキーを抑え、誰のどんな話でも聞くという姿勢が大切です。エゴや先入観は誰もがもっているものですし、これを完全になくすというのは難しいですが、「誰が言ったアイデアだから」とか、「嫌いな意見だから」といった態度は改め、アイデアの質と内容に焦点を絞るべきです。たとえば社内の顔見知りでチームを組むよりも、初対面のメンバーによるブレインストーミングのほうが活性化したことはありませんか？　個人の好き嫌いは横において、いかにチームでよいアイデアを出せるか、参加者全員にオープンマインドをもってもらいましょう。

4　曖昧さを受け入れる

デザイン思考のプロセスを進めていくと、さまざまな場面で不確実なものと向き合わなければならないことが出てきます。たとえば本音と建て前であったり、インタビューの途中で感じた矛盾、違和感などもその一つといえます。インタビューで「なぜ」と深堀りしていっても、どこかで「なんとなく」と行き詰まってしまうことがままあります。しかし、人間は感情や言動に曖昧さや矛盾をもつ生き物です。デザイン思考は「人間中心」である以上、まず曖昧さを受け入れることが必要です。数値やデータだけでは計れない、それが人間なのです。

しかし、曖昧な答えというのは多くの人にとって居心地の悪いものです。人間関係に当てはめるとわかりやすいのですが、気になっている人がいるとして、その人が自分のことをどう思っているのかわからない状況というのはモヤモヤしますよね。答えがほしい、と思うはずです。

特に数字やデータ、パターンといった明確な答えを生業とするビジネスパーソンには、曖昧さを受け入れるのに時間がかかるかもしれません。しかし、人間の感情は複雑に絡み合い、すべてのことにはっきりとした「解」が出せるわけではないのも事実です。

曖昧さを受け入れ、その上で我々は気づきであるインサイトを探していく。ユーザーテストやアイデアなどの何かを決定する際は、できる限り可視化する手法を取り入れる。こういった方法を経験していき、人の曖昧さを理解していくようにしましょう。

うまくいかないこともある

アクティビティーに限らず、ワークショップがうまくいかないこともあります。実際のプロジェクトと比べて時間が限られるワークショップでは、特に次のような点で困ってしまうことが多々ありました。いずれもなかなか悩ましい問題ばかりですが、これからファシリテーターをやられる皆さんも、事前によく考えておくことをおすすめします。

ぜひ失敗を恐れずにチャレンジしてみましょう。皆さんもファシリテーターをしていく中で、「ここがうまくいかなかった」「これがうまくできた」など、体験やアイデアがあったらぜひ私とシェアしてください。

時間が足りない

短い制限時間を活用して、緊張感を持続させるのがデザイン思考の特徴ですが、やはり振り返りの時間に「考える時間が足りなかった」「アイデアを練り上げる時間がなかった」という反省が挙げられることがあります。特に、5分・10分といった短い時間で考える経験をしていないと、時間配分は本当に難しいと感じるでしょう。

ファシリテーターを初めて行う場合は、自分自身でシミュレーションしてみることで、参加者ごとに適切な時間配分をつかんでおくべきでしょう。また、制限時間を用いる場合も、「延長したいチームはありますか?」などと確認して、何分かの延長戦を追加してあげることで、最後によいアイデアが飛び込むチャンスをつくってみてください。

制作のときの材料が足りない

各プロセスにおいては、参加者の人数を把握して、十分な材料を準備しておきましょう。

私も過去に経験がありますが、マシュマロが足りない、ポストイットが不足してしまったなどが起きると、進行に大きな影響が出てしまいます。ありとあらゆる材料が必要というわけではありませんので、大事な材料や文房具などについては、予備も含めて多めに揃えておくようにしてください。

リアルユーザーがいない

特にワークショップにおいては、隣の人同士でインタビューした際に、相手がトピックにまったく関わっていない、もしくは経験していないといった場合が起こりえます。リアルなユーザーにインタビューできないと、想像でしか体験が共有できず、そこから気づきを探すことが難しくなります。基本的にワークショップでは、ファシリテーターがトピックを提示します。この際、「誰もが体験したことのある」ことで「属性で大きな差がない」トピックを選ぶようにしましょう。

たとえばトイレのトピックですと性別によって異なる体験をしていますし、コンタクトレンズをトピックにすると一度も使ったことがない人も存在します。ファシリテーターは、参加者みんながインタビューを体験できるように、適切なトピックを選びましょう。

同じアイデアが出てしまう

ワークショップを行っていると、最後の発表で同じようなアイデアが複数のチームから出てきてしまうことがあります。具体的なアイデアで重なるのは歓迎すべきですが、たとえば「超高性能なＡＩをつくってすべての問題を解決する」というような、ぼんやりとしたアイデアが出てくるのは、ブレインストーミングがうまく進まなかったためといえます。ファシリテーターはチームの様子を見ながら、「明日から（来年から）使えるアイデアを考えよう」などと提案して、具体的なアイデアが出てくるように促します。

この章のまとめ

皆さん、いかがだったでしょう？　4章ではデザイン思考を理解しながら各プロセスをリードしていく、ファシリテーターのためのスキルを紹介しました。デザイン思考を使っていく中で、自分だけではなく各プロセスの進め方をオリジナルにつくっていく作業は、とても難しいながらもやりがいのあるチャレンジになると思います。最終章では、今後デザイン思考がどうなっていくのか、未来の姿を私なりに考察してみます。

第5章

デザイン思考のいまと未来

未来をよりよくしよう

ここまでお読みいただき、本当にありがとうございます。1章から4章までは、デザイン思考を「実践」していただくことに重きをおいて、私が培ってきたデザイン思考を具体的に紹介してきました。最終章は、これからの未来にデザイン思考をどう生かしていけるのか、考えていきたいと思います。すでに起きていることや、今後起こるであろうトピックを考えてみることで、社会におけるデザイン思考のあり方を見ていきます。

複雑化する世界

1章で、イノベーションを起こすには、「人々」「ビジネス」「技術力」の3つが必要であることを述べました。今後は、それぞれの要素がもっと複雑になっていくでしょう。たとえば、この15年の間にはUberやAirbnbといったまったく新しいサービスが現れ、最近では

図5-1　マズローの欲求5段階

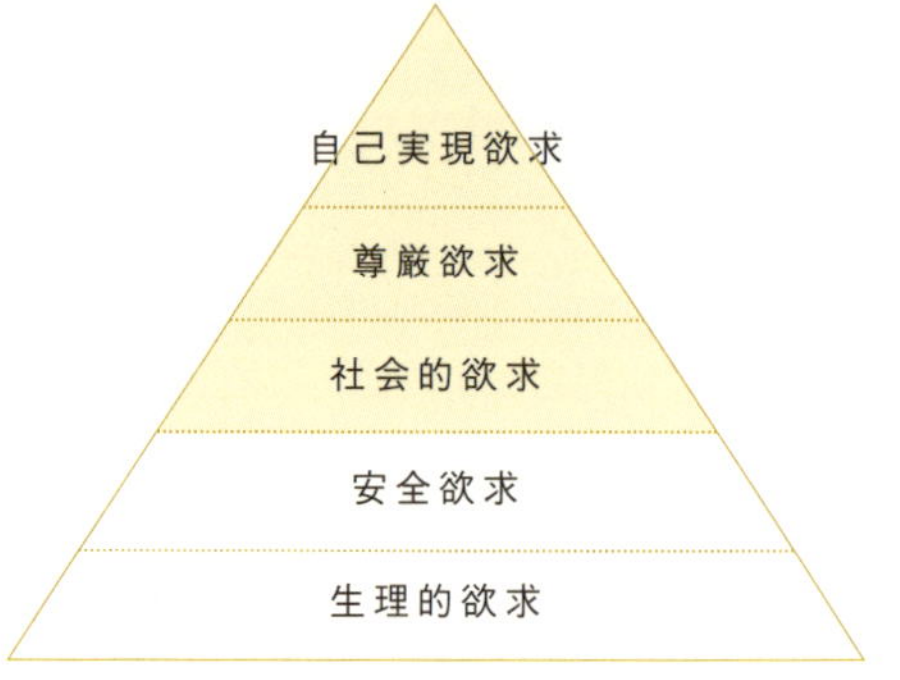

■いま人々が求めているのは、社会的欲求から上のフェーズ

Netflixなどのサブスクリプション型のビジネスが注目を集めています。そしていま、クラウド、5G、AIといった技術もどんどん進化しています。何より、それらを使う人々の行動は、15年前にはまったく想像できなかったくらいに変化しています。

私たちは複雑化する世の中の問題を「正しく」解決するために、デザイン思考を活用していかなければなりません。

上の図（図5－1）をご覧になられたことはあるでしょうか。これはアメリカの心理学者であるアブラハム・マズローが描いた、人間の基本的欲求をピラミッド型で5段階に示したものです。人が生きていく中で、最初はピラミッドの一番下にある「生理的欲求」から満たしたいと考えます。そしてそれが満たされると、次にその上にある「安全欲求」を満たしたくなり、順に上に登っていき、最後には「自己実現欲求」を満たしたくなる、という内容です。

いま、先進国において多くの人々は生理的欲求、安全欲求が満たされた状態にいます。この結果、人々が求めているのは、社会的欲求や自己実現欲求といった、個々のニーズを満たすものに変化しています。この結果、たとえばAmazonプライムの「視聴履歴に基づくおすすめ」やNetflixのレコメンド機能など、あなたのニーズを満たすためにカスタマイズされたプロダクトが増えてきているといえるでしょう。

しかし、いくらニーズが満たされていたとしても、たとえば毎日のようにソファに寝転がってAmazonプライムやNetflixをソファで観続け、食事もUber Eatsでお気に入りのハンバーガーを届けてもらい、欲しいものがあればAmazonのおすすめでポチっと購入……。友人とも会わず、家から一歩も出ないでこのような生活を楽しんでいたとしたら、それは社会的に、それ以上に肉体的に「幸せ」だといえるでしょうか。

たとえばアイスクリームもそうです。私もおいしいアイスを食べると幸せになれますが、食べ過ぎると健康を害してしまいますよね。

だからこそ、私たちは次にどのような問題に取り組むべきか、それをもっと考える必要があるのではないかと思います。1999年にMIT（マサチューセッツ工科大学）から出版された『Hertzian Tales: Electronic Products, Aesthetic Experience, and Critical Design』の中で、アンソニー・ダンが「クリティカルデザイン」についてふれました。この中で、次のデザインとは、問題を解決するだけではなく、問題を発見する必要があるのだと述べています。我々が考え、そして解決していかなくてはならない将来のトピックを、いくつか取り上げてみましょう。

技術に関する問題

1 便利さとプライバシー
2 AIとモラル
3 持続可能性

いま、多くの企業で人々が幸せになることを理念に掲げ、便利で楽しく、また使うことで人生が豊かになるものを提供しています。しかし、何かが便利に変化することで、新たな問題が起こっていることも事実です。たとえば、プライバシーの問題が挙げられるでしょう。インターネットやスマートフォンの普及に伴って、皆さんがどのような生活をして何を買っているか、どんなことに興味をもっているか、そのようなデータが企業に蓄積されてきました。ニュースでも、大企業の個人情報流出がよく話題にあがります。人々が便利なものを手に入れた一方で、自分たちのプライバシーを犠牲にしているのです。今年6月、中国・深圳の小学校で、顔認証機能を備えたゲートが設置された様子を映した動画が話題になりました。児童は顔認識で小学校の入り口にあるゲートを通れ、通過時にはその情報が保護者のスマートフォンに送られるようになっています。とても便利なシステムですが、子どものプライバシーや顔写真のデータが集められている可能性もあるでしょう。

技術の大きなトピックであるＡＩも、数多くの人工知能がつくられ、多くの研究が進められています。またバイオの世界では、CRISPR-Cas9に代表されるゲノム編集の技術が実用化されています。これらのトピックでは、ここ数年、モラルや倫理の議論が進められてきました。というのも、ＡＩやゲノム編集は、つくり手の考えを色濃く反映するものであるがゆえに、技術力だけを追求することが、何か別の問題を生み出すことにならないか、考えていく必要があると思っています。

持続可能性（サスティナビリティー）とは、3章で紹介した、未来のユーザーである「ディセンダントユーザー」のことを考える、ということです。私たちがいまつくっているものが、将来のユーザーにとってどのような影響を及ぼすかを見通していま何をすべきか考える、という長期的な視野をもつこともますます重要になってくるでしょう。

人々に関する問題

1　多様性と許容

2　物事のバランス（リソース、ジェンダーなど）

3　障害がある方のアクセシビリティー

人々の問題は、文化やカルチャーの中で起こりうる問題と言い換えることができるかもしれません。日本の企業においても、たとえばＬＧＢＴやマイノリティーの問題があると思っています。このような人たちを歓迎する、と掲げている企業は多いですが、実際にその環境が整っている企業はどのくらいあるでしょう。社内のトイレや案内板は、誰もが使いやすい環境になっているでしょうか？　あなたのいる会社や組織ではどうでしょうか？　本当にマイノリティーの人たちがマジョリティーの人と同じ居心地のよさを感じられるような環境になっているでしょうか？　移民大国であるアメリカでさえも、人種差別や移民問題は長い間、解決できずにいる問題です。日本でも労働力不足の解消のため、数多くの外国人労働力を受け入れ始めました。どうしたら日本でこの問題をよい方向にもっていくことができるでしょうか?

また昨年、複数の大学における医学部入試で、女子学生の受験結果を男子学生に比べて減点していた、というニュースがありました。職業によるジェンダーのバランスも、我々が考えなくてはいけないトピックだと思います。たとえば、いま日本においてITエンジニアには男性が多いですが、男性がつくるプロダクトは女性の視点が十分でないかもしれません。こういったジェンダーの問題も、デザイン思考を使って解決しなければならないことの一つだと考えます。

障害がある方にとって使いやすいもの、利用しやすいサービスやプロダクトをつくることも求められています。たとえば、新しいサービスやプロダクトをつくる際に、こういった方を「極端なユーザー」と捉えてインタビューするのはどうでしょうか。障害がある方の問題を解決することで、幼児や高齢の方にとっても使いやすいものがつくれるのではないかと思います。

ほかにも、物事のバランスについても問題があると思います。たとえば、日本においても人材や企業が都会に集中しすぎて、人口やリソースの偏りが起きている問題もあるでしょう。東京では交通渋滞や満員電車が解消できない一方で、地方からは人がいなくなり、過疎

図5-2　組織におけるユーザー体験の成熟度
（ヨハン・ベルンツソンのバージョンを基に作成、2014）

6	**埋め込む** ユーザー体験は組織の構成要素であり、個別に議論しない
5	**引き込む** ユーザー体験は組織戦略の核の一つ
4	**コミットしている** ユーザー体験は非常に重要で、上層部も積極的に関与している
3	**投資している** ユーザー体験は非常に重要で、正式なプログラムがある
2	**興味はある** ユーザー体験は重要だが、資金はほとんどない
1	**認識していない** ユーザー体験は「重要ではない」

■AirbnbやUberは5か6のレベルにいる

化や空き家問題なども深刻になっています。

こういった問題もデザイン思考を用いることで、よりよい解決策を考えていけるのではないか、と思っています。

エクスペリエンスデザインの成熟度

このような問題を解決するにあたり、今後は、UX（ユーザーエクスペリエンス：ユーザー体験）やCX（カスタマーエクスペリエンス：顧客の体験）、EX（エンプロイーエクスペリエンス：働いている人の体験）といった個々の「体験」を考えることが、ますます重要になってくるでしょう。

組織がどのくらいユーザー体験を重視しているかについて、一つの図を紹介します（図5－2）。組織のレベルは1、まだユーザー体験自体を認識できていない状態から始まり、レベル2で興味をもち、レベル3で投資する、といったように段階を経て成熟していきます。日本の企業は、まだレベル2か3のところが多いのではないかと思います。一方、AirbnbやUberといった企業はレベル5か6にいます。私は、もっと多くの企業が上の5や6を目指していくべきだと考えています。

また、これからは数値化されたビッグデータだけではなく、「シックデータ（thick data）」が非常に重要になってくるでしょう（図5－3）。シックデータとは、人間の経験や行動などのインサイトに関するデータのことです。定量的なデータだけではなく、人々の感情や気づきなどのデータも加味することで、ユーザーの体験、お客様の体験、従業員の体験を深掘りしていくことが、これからの世界を考える上で、必要不可欠の要素といえるでしょう。

「体験」を重視するとは、人間中心の成熟した文化を築くことです。文化をつくるには時間がかかります。一度きりのイベントや短期間のワークショップ、UXのプロフェッショナルを雇うだけではダメです。いつも継続することが必要です。

ビジネス用語の「ROI（Return on investment）」とは、投資利益率などと訳され、投資した資本に対して得られた利益を意味します。私は「デザイン思考」は、ROIがとても高いと考えています。たとえば新しいプロダクトをローンチしたときに、高額な料金を払ってCMなどの宣伝にお金をかけたとしましょう。残念ながらそのプロダクトが人々の望むもの

図5-3　ビッグデータとシックデータ

■これからはシックデータが重要

と異なっていた場合、どれほど宣伝してもユーザーに使われず、結果的にROIは低くなってしまいます。しかしデザイン思考を用いることで人々の本当のニーズをあぶりだし、それを解決できるプロダクトをつくれば、宣伝しなくとも好意をもって受け入れられるはずです。

多くの予算と時間を使って、人々が欲していないものをつくるのか、最小のリソースで人々が望むものをつくるのか、どちらがよいかはいうまでもないでしょう。「正しいものを正しくつくること」、これが大事なのです。

日本ではどうしたらいいのか

日本、特に東京はとてもクリエイティビティーにあふれていると感じます。それは、新しい形のソーシャルメディアとして人気急上昇中の「note」や「medium」の盛り上がりからもわかります。特にnoteは広告が一切入らないブログのようなコンテンツプラットフォームサービスで、文章、イラスト、マンガ、動画、音楽などが日々たくさん投稿されています。noteを見ると、そのクオリティーの高さに驚くとともに、多くの人が自らのクリエイティビティーをアウトプットしたい、と考えていることに気づかされます。

では個々のクリエイティビティーを集結させるには、どうしたらいいでしょうか。私はいろいろなことをディスカッションし合う場が必要なのだと思います。

ぜひ、デザイン思考の基本でもある「ディスカッション」の機会を意識的に増やすことをおすすめします。いまは同じ趣味や思考の人とつながりやすく、さまざまなミートアップやワークショップが行われています。講義形式で人の話を聞くイベントもいいのですが、できれば対話型のイベントに参加して、思い切って自分の意見を言ってみる、人とひざを突き合わせて話してみる、または居酒屋で同僚や友人と本音で話してみることにチャレンジしてみましょう。きっと何かが変わるはずです。

企業や組織では環境も大事です。ユーザーテストをする部屋をつくる、社員同士がアイデアを共有できる場所をつくる、といった環境の整備が必要です。社員同士のアイディエーション部屋は会議室のようなものでもいいのですが、ポイントは社員の普段の作業スペースの近くにつくることです。わざわざ階段を上がったり下がったりしなくてもすぐにちょっとしたアイデアを話し合えるスペースであることがポイントです。

場のつくり方に関しては、d.schoolの教授が書いた書籍『MAKE SPACE メイク・スペース スタンフォード大学dスクールが実践する創造性を最大化する「場」のつくり方』（スコット・ドーリー（著）、スコット・ウィットフト（著）、イトーキ オフィス総合研究所（監修）、藤原朝子（翻訳）／cccメディアハウス）も大変に参考になります。

自分で考える

考える時間をとることも大切です。日本の人々は日々とても忙しくしていますが、「何か問題はないだろうか」「この問題を解決できないだろうか」と考える時間をもっていただけたらと思います。私たちの脳は、日々スマートフォンからあふれ出るお知らせに忙殺され、スマートフォンを手放せず、物事を考える時間がありません。しかし人生において新しいことを体験する時間がなければ、私たちは問題を発見するチャンスを失ってしまいます。

シリコンバレーにももちろん多忙なビジネスパーソンはいます。しかし、仕事が終わったらバーに行き、ビール片手にバスケや野球の試合を観戦したりします。仕事だけでなくアフターワークも楽しむことで、いろいろなことをインプットしたり、考えたりできるのです。

周りの人に共感する

そして自分の周りにいる人に共感を示すことを始めてみてください。共感はデザイン思考で一番大事なポイントです。東京や大阪のような都会では、おのずと人と人のつながりが希薄になりがちです。意識的に人に共感してみることをおすすめします。いつも職場の清掃をしてくださっている清掃員の方、行列の絶えない人気ラーメン店に並んでいる人、大きなカートを押して高層マンションに荷物を配達する人が何を考えているのか、何か困っていることはないか、何か不便に思っていることはないか、共感を示してみましょう。

最後に

この章では、これから考えていかなければならない問題について考察しました。いずれの問題もすぐには解決できない難しい問題ばかりですが、皆さんと一緒に考えていけたらと思っています。それこそが「人間中心」の成熟した文化への第一歩となります。d.schoolには象徴的な言葉があります。

■間違いはない。勝利も失敗もない。あるのは「創造」のみ

——Nothing is mistake. There's no win and no fail There's only make.（間違いはない。勝利も失敗もない。あるのは「創造」のみ）

d.schoolの建物に一歩足を踏み入れると、この言葉が書かれた大きな垂れ幕がかかっています。私はいつもこの言葉を目にすると、「よし、やろう！」という気持ちになったのを思い出します。実は、この垂れ幕の裏には別の言葉が書かれています。それは「The only way to do it is to do it.（何かをやるための唯一の方法は、やることだ）」です。皆さんにもこの言葉を贈ります。問題は山積みで待ったなしの状態ですが、知恵を出し合って、未来をよりよくしていきましょう。

おわりに

スタンフォード大学で、私はたくさんのデザイン思考ワークショップに参加し、また自分でもファシリテーターとしてワークショップを開催してきました。私を含め20人のファシリテーターでさまざまな企業から100人の参加者を招いて2日間にわたる大規模なワークショップを行ったこともあります。日本では楽天の「アジアインキュベーションプログラム」でデザイン思考ワークショップにも取り組みました。

ここ数年シリコンバレーにやってくる日本や中国、ヨーロッパのビジネスパーソンは、「デザイン思考とは何なのか」「d.school とは何なのか」と大変興味をもっています。それを受けて、d.school でも外部向けのデザイン思考ワークショップを行っています。もっと気軽なものですと、d.school の建物見学やちょっとしたワークショップを盛り込んだビジターツアーも行われていますので、旅行やビジネスでシリコンバレーに赴く機会があれば、ぜひ申し込んでみることをおすすめします。自身で体験することこそが、最も早く「デザイン思考とは何か」をつかむのに役立つと思います。

――優れたデザインとは

人間中心設定の大家であるドナルド・ノーマン氏の「ノーマン・ドア」という考え方をご存じでしょう

か？　氏は著書『The Design of Everyday Things』（Basic Books／邦題：誰のためのデザイン？／新曜社）の中で、「押して開けるドアを引いてしまってドアが開かない」「引くはずのドアを押してしまってドアにぶつかった」といった日常生活でのフラストレーションを募らせていたと語っています。

この原因は使用する人間側のミスではなく、デザイン自体に問題があり、よいデザインとは、「使用上の勘違いなどが起こらないものである」と表現しています。そしてノーマン氏が考えた優れたドアとは「何もついていない平らな押しドア」だそうです。病院の集中治療室のドアがこういうドアですが、緊急時にドアが開かないなどの勘違いが起こらないように何もついていないドアになっています。これだと押すという選択しか起こりません。「何も考えなくてもいい」、よいデザインというのはこういうものなのだと思います。

この考えに照らし合わせて、私は自分のデザインするものが、「よいデザイン」に値するか考えています。それに加えて、私のデザインするものによって、どのように人々の問題を解決できるだろうか、とも考えています。

昔聞いた話ですが、「竹の哲学 Bamboo Philosophy」という言葉があります。それによると、竹には地下茎があり、そこから毎年新しい芽が生まれ、数か月で大きな竹に成長するそうです。その成長スピードはとても速く、1日に100センチ以上伸びたという記録があるそうです。デザイン思考はこの竹の成長によく似ていると思います。

デザイン思考は継続して身に付けるもの、と再三申し上げていますが、何日も何か月も続けることである日、すべてがクリアになるように急成長することができる、と私は考えています。デザイン思考を役立てるには毎日トライすることしかありません。ぜひ小さなことから始めて、挑戦し続けてください。

最後に、d.schoolで出会い、私をこの本の著者に、とすすめてくださった見崎大悟さん、十数回に及ぶインタビューの中で、深い洞察で私の体験を引き出してくれた渡辺敏行さん、編集者の渡辺彩子さんにお礼を申し上げます。

今後の私のワークショップは、個人プロジェクト「増し増し.inc」にて案内しますので、ご覧いただき、参加していただければと思います。いつか皆さんとお目にかかれることを楽しみにしています。

クリエイティブ増し増しＷＥＢサイト

http://www.creativemashimashi.com/

２０１９年8月　ジャスパー・ウ

読者アンケートにご協力ください！

このたびは「できるビジネスシリーズ」をご購入いただき、ありがとうございます。本書はWebサイトにおいて皆さまのご意見・ご感想を承っております。気になったことやお気に召さなかった点、役に立った点など、皆さまからのご意見・ご感想を聞かせていただければ幸いです。今後の商品企画・制作に生かしていきたいと考えています。

お手数ですが以下の方法で読者アンケートにご回答ください。

書籍ページのURL

https://book.impress.co.jp/books/1118101168

①書籍ページのURLを入力

②［アンケートに答える］をクリック

会員登録がお済みの方
IDとパスワードを入力してアンケートページに進む

会員登録をされていない方
会員登録の上、アンケートページに進む

ジャスパー・ウ (Jasper Wu)

スタンフォード大学による「d.school」でデザイン思考を学び、デザイン思考のワークショップファシリテーターとしてキャリアをスタート。

またプライベートでは「増し増し.inc」を立ち上げ、"Unlock your creativity"をテーマにデザインワークショップやトレーニングなどを行う。

見崎大悟 (みさき・だいご)

工学院大学工学部機械システム工学科准教授。

東京都立大学大学院 工学系研究科 機械工学専攻 博士課程修了。

2015年〜2016年に、Stanford University, Center for Design Research, Visiting Associate Professorとしてデザイン思考の研究を行う。

STAFF

カバー・本文デザイン　小口翔平＋岩永香穂(tobufune)
本文イラスト　伊藤ハムスター
DTP制作　町田有美・田中麻衣子

デザイン制作室　今津幸弘〈imazu@impress.co.jp〉
制作担当デスク　柏倉真理子〈kasiwa-m@impress.co.jp〉

編集協力　渡辺敏行〈medium.com/@kyuusoku〉

編集　渡辺彩子〈watanabe-ay@impress.co.jp〉
編集長　柳沼俊宏〈yaginuma@impress.co.jp〉

商品に関する問い合わせ先

インプレスブックスのお問い合わせフォームより入力してください。
https://book.impress.co.jp/info/
上記フォームがご利用頂けない場合のメールでの問い合わせ先
info@impress.co.jp

※本書の内容に関するご質問は、お問い合わせフォーム、メールまたは封書にて書名・ISBN・お名前・電話番号と該当するページや具体的な質問内容、お使いの動作環境などを明記のうえ、お問い合わせください。
※電話やFAX等でのご質問には対応しておりません。なお、本書の範囲を超える質問に関しましてはお答えできませんのでご了承ください。
※インプレスブックス(https://book.impress.co.jp/)では、本書を含めインプレスの出版物に関するサポート情報などを提供しておりますのでそちらもご覧ください。
※該当書籍の奥付に記載されている初版発行日から3年が経過した場合、もしくは該当書籍で紹介している製品やサービスについて提供会社によるサポートが終了した場合は、ご質問にお答えしかねる場合があります。

落丁・乱丁本などの問い合わせ先

TEL 03-6837-5016　FAX 03-6837-5023
service@impress.co.jp
(受付時間／10:00-12:00、13:00-17:30 土日、祝祭日を除く)
※古書店で購入されたものについてはお取り替えできません。

書店／販売店の窓口

株式会社インプレス 受注センター
TEL 048-449-8040
FAX 048-449-8041
株式会社インプレス 出版営業部
TEL 03-6837-4635

実践 スタンフォード式 デザイン思考
世界一クリエイティブな問題解決(できるビジネス)

2019年9月11日　初版発行

著者　ジャスパー・ウ
監修　見崎大悟
発行人　小川 亨
編集人　高橋隆志
発行所　株式会社インプレス
〒101-0051　東京都千代田区神田神保町一丁目105番地
ホームページ　https://book.impress.co.jp/

印刷所　株式会社廣済堂
ISBN978-4-295-00732-6　C0030
Printed in Japan